Os Intelectuais da Educação

Helena Bomeny

Os Intelectuais da Educação

2ª edição

ZAHAR

Por amor a João Claudio e Miguel

Jorge Zahar Editor Ltda.
rua Marquês de S. Vicente 99 – 1º | 22451-041 Rio de Janeiro, RJ
tel (21) 2529-4750 | fax (21) 2529-4787
editora@zahar.com.br | www.zahar.com.br

1ª reimpressão da 2ª edição: 2009

Capa: Carol Sá e Sérgio Campante
Ilustração da capa: Na montagem, da esquerda para a direita, Manuel Bandeira, Raimundo Peregrino Jr., Alceu Amoroso Lima, Carlos Drummond de Andrade, Gustavo Capanema, Darcy Ribeiro, João Goulart e Anísio Teixeira. Fotos: Arquivo Gustavo Capanema (CPDOC/FGV) e Acervo Fundação Darcy Ribeiro
Vinheta da coleção: ilustração de Debret
Composição eletrônica: TopTextos Edições Gráficas Ltda.

CIP-Brasil. Catalogação-na-fonte
Sindicato Nacional dos Editores de Livros, RJ.

Bomeny, Helena Maria Bousquet
B682i Os intelectuais da educação / Helena Bomeny. — 2.ed.
2.ed. — Rio de Janeiro: Zahar, 2003.
: il.. — (Descobrindo o Brasil)

Apêndice
Inclui bibliografia
ISBN 978-85-7110-578-2

1. Brasil – História. 2. Educação – Brasil – História. 3. Brasil. – Vida intelectual. I. Título. II. Série.

CDD: 981
03-0832 CDU: 981

Sumário

Créditos das ilustrações

1. Anísio Teixeira e Monteiro Lobato. Estados Unidos, década de 1920. Arquivo do Instituto Anísio Teixeira, Secretaria de Educação e Cultura da Bahia.

2. *Manifesto dos pioneiros da educação nova*. São Paulo, Companhia Editora Nacional, 1932.

3. Encerramento do VII Congresso Nacional de Educação. Rio de Janeiro, 7.7.1935. Fundação Getúlio Vargas/CPDOC, Arquivo Gustavo Capanema.

4. Escola Nacional de Belas Artes, Rio de Janeiro, 11.3.1936. Fundação Getúlio Vargas/CPDOC, Arquivo Gustavo Capanema.

5. Jantar de lançamento da Cartilha. 26.12.1962. Acervo da Fundação Darcy Ribeiro.

6. Assinatura do decreto de fundação da Universidade de Brasília. Brasília, 15.1.1962. Acervo da Fundação Darcy Ribeiro.

7. I Encontro Nacional de Educadores. Brasília, novembro de 1962. Acervo da Fundação Darcy Ribeiro.

O ano 2000 foi internacionalmente celebrado. Celebrou-se a abertura de um outro século e a entrada do novo milênio. No Brasil, a data coincidiu com os 500 anos da chegada dos portugueses à terra. Todo um movimento ganhou corpo reeditando a cizânia entre intelectuais, militantes e intérpretes do Brasil. As expressões "Brasil + 500" e "Brasil, outros 500" traduzem tipicamente a polêmica criada ao redor das comemorações. O Brasil que se celebra como diversidade, riqueza e amplitude culturais é também o Brasil que está sob a mira da crítica, o que exclui, o que deserdou a grande maioria da população, o que não incorporou e sequer deu posse aos seus despossuídos.

Um outro registro de memória pode ainda ser capturado no ano 2000. Completa-se nele o centenário de duas figuras públicas que tiveram seus nomes associados à história da educação no Brasil. O baiano de Caetité Anísio Teixeira (1900-1971) e o mineiro de Pitangui Gustavo Capanema (1900-1985) têm suas trajetórias projetadas nacionalmente e identificadas com a construção de um sistema educacional brasileiro. Entre os dois, Anísio Teixeira percorrerá um século de educação como educador inquieto com o que os intelectuais chamavam a grande nódoa nacional, além de um pensador da educação, autor de livros que consagraram a historiografia pedagógica brasileira. As questões que trouxe ao debate público na segunda década do século XX mantiveram-se ao longo de todo o 1900. E sua influência sobre estudiosos, pedagogos, mentores de políticas e projetos é de extensão ainda não corretamente mensurada.

Capanema teve sua intervenção mais circunscrita ao período de 1934-45, quando ocupou a pasta de ministro da Educação e Saúde. No entanto, as reformas que implementou foram de tamanha envergadura que permaneceram como herança ao longo da segunda metade do século, desafiando ainda a imaginação política para a reestruturação do campo educacional. O fato de Capanema ter permanecido na vida pública como congressista impediu as discussões em torno das reformas que fez, e impediu também a votação de leis que reformulassem a política educacional de sua gestão.

Anísio Spínola Teixeira nasce em Caetité, no sertão da Bahia, a 12 de julho de 1900. Em 1922 se forma como bacharel em direito pela Faculdade de Direito da Universidade do Rio de Janeiro. Em 1924 é nomeado para o cargo de inspetor-geral do ensino na Bahia, a convite do governador Francisco Marques de Góes Calmon. De 1924 até 11 de março de 1971, quando morre abruptamente em um acidente no elevador do prédio onde residia o amigo Aurélio Buarque de Hollanda, Anísio teve sua vida confundida com os rumos da educação brasileira. O relativo silêncio sobre a morte do democrata da educação só pode ser compreendido no contexto de maior endurecimento do regime militar, o longo período ditatorial entre o Golpe de 1964 e a abertura política de 1985.

O nome de Anísio esteve associado não só aos ideais do movimento da Escola Nova no Brasil, mas também a instituições de ensino superior como a Universidade do Distrito Federal (1935-39), à Campanha Nacional de Aperfeiçoamento de Pessoal de Nível Superior (Capes), em 1951, à direção do Instituto Nacional de Estudos Pedagógicos (Inep), em 1955, à criação do Centro Brasileiro de Estudos Educacionais (CBPE), no mesmo ano. Foi um dos principais idealizadores da Universidade de Brasília (UnB), em 1961, e autor de vários livros, além de tradutor no Brasil da obra do filósofo e educador norte-americano John Dewey. Sua viagem aos Estados Unidos em 1927 deixaria a marca indelével de uma inspiração definitiva: a filosofia do pragmatismo norte-americano. E sua trajetória como reformador ativista teve dois momentos de inflexão, o Estado Novo e o pós-1964, quando deixa o país com autorização especial do presidente Castelo Branco, retornando em 1966 depois de lecionar em universidades norte-americanas.

Anísio criou em torno de si uma verdadeira constelação de intelectuais. O encontro com Monteiro Lobato nos Estados Unidos nos anos 20 foi seminal na construção de um ideário de civilização e na formação do que Lobato chamaria a "irmandade", uma agremiação de profetas de uma religião cívica de transformação do Brasil. Fizeram a avaliação do país, detectaram a grande mancha nacional de incivilidade e descaso com a democracia e foram autores de propostas de reforma que estiveram em pauta e que se mantêm ainda hoje como questão de agenda pública.

Este texto percorre o Brasil de que falam os intelectuais que tomaram a educação como bandeira civilizadora. Anísio Teixeira e Fernando de Azevedo (1894-1994) foram líderes nacionais dessa empreitada. Gustavo Capanema entra como gestor de políticas e, também, como outro pólo de atração de figuras intelectuais de grande projeção nacional. Em seu ministério abrigou Carlos Drummond de Andrade, Mário de Andrade, Rodrigo Melo Franco Andrade, modernistas da literatura e da arquitetura, Heitor Villa-Lobos, entre outros. Intelectuais e política têm nesta narrativa mais um momento de sua recorrente assintonia. Anísio Teixeira talvez seja uma das mais ricas expressões da tensão que o século dos educadores expôs a eles próprios quando imersos na dinâmica política. A indignação com a situação brasileira tem fundamento. A esperança de que o Brasil pudesse ultrapassar herança tão nefasta tomou um grupo por muitas décadas. O compromisso com a defesa de uma sociedade mais educada os acompanhou ao longo da vida. Mas de que herança se trata? O que fazia do Brasil o país a ser reformulado?

Vejamos os fundamentos da inquietação de intelectuais que, desde a década de 1920, vêm se manifestando publicamente com idéias e projetos em torno da educação brasileira. A Escola de Pioneiros fez seus herdeiros. E um deles, conhecido de todos nós, empunhou a bandeira escolanovista até o final de sua vida, em fevereiro de 1997. Darcy Ribeiro deixa em suas memórias e correspondências as confissões de afinidade com o educador e filósofo Anísio Teixeira, o programa de democratização educativa e os ideais da Escola Nova.

A mancha da nação

> (...) O que não conheço é país onde o governo central se despreocupe, tão absolutamente, da instrução primária como entre nós; não sabendo se o povo aprende nem se há escolas, nem o que nelas se ensina (...) (Manuel Bonfim)

Em 1870, e depois com a criação da Diretoria Geral de Estatística, em janeiro de 1871, começaram a ser divulgados — com mais ordem, clareza e uniformidade, embora incompletos e muito deficientes — os dados relativos ao ensino público, primário e secundário, em todo o Império. Tanto então como na República, até 1907, jamais se obteve êxito na sistematização de informações sobre educação no Brasil. Não havia dados confiáveis sobre o estado da instrução no país. Até fins de 1907, nunca se conseguia, por exemplo, divulgar com regularidade informações sobre a freqüência ou assiduidade dos alunos do primeiro grau. Os dados se dispersavam pelas províncias, pelos estados e municípios, sem que qualquer sistema mais apurado de medição pudesse controlá-los. Mas, mesmo assim, com todas as ressalvas técnicas que se possa fazer aos resultados da apuração, os dados obtidos em 1906, publicados em 1916 em *Estatística da instrução*, são suficientes para que tenhamos desenhada a cara de um país que fazia da educação um privilégio de muito poucos. O analfabetismo era, senão o maior, um dos grandes obstáculos que o Brasil tinha que ultrapassar.

As informações expostas com os dados do recenseamento de 1906 comprovam que, a despeito de qualquer imprecisão, 74,6% da população em idade escolar eram analfabetos no início do século XX. Os altos índices de analfabetismo eram distribuídos de forma razoavelmente homogênea. Com exceção do Distrito Federal (48,1%), à época o Rio de Janeiro, os outros estados mantinham um índice próximo da média nacional. Educação básica não era, de fato, um problema ou uma questão que sensibilizasse a elite brasileira; o estranhamento e a perplexidade com os quase 80% de analfabetos são uma reação pública posterior ao final do século XIX. Em uma sociedade basicamente rural — mais de 80% da população —, comandada pelos grupos oligárquicos, com precários sistemas de comunicação, a demanda social de educação era também muito baixa. A tabela abaixo acompanha a evolução da urbanização brasileira no período do final do século XIX ao final do século XX. Trata-se de uma inversão quase simétrica.

População brasileira: urbana e rural (1872-1996)

Ano	População total	População urbana (%)	População rural (%)
1872	9.930.478	11,1	88,9
1890	14.333.915	12,4	87,6
1900	17.438.434	17,3	82,7
1920	30.635.605	23,2	76,8
1940	41.236.315	31,2	68,8
1950	51.944.397	36,1	63,9
1960	70.070.457	44,6	55,4
1970	93.139.037	56,0	44,0
1980	119.002.706	67,6	32,4
1991	146.825.475	75,6	24,4
1996	157.079.573	78,3	21,7

Fontes: Dados referentes ao período 1872-1920: Lopes, 1976. Os demais dados foram extraídos do Censo Demográfico do IBGE — 1996.

Ao final do século XIX, a elite brasileira rende-se à evidência de que a abolição da escravatura era iminente. Foram mais de três séculos de escravidão. Todo o período colonial (1500-1822) e todo o período monárquico pós-independência (1822-88) estiveram selados no Brasil pelo regime escravista. A abolição dificilmente representaria a alforria dos negros para o ingresso no mercado de trabalho e das profissões como homens livres. A preparação para a sociedade de mercado, de trocas, de profissões, da livre movimentação da mão-de-obra ao sabor da demanda, é lenta e requer investimento. A herança da submissão ao trabalho forçado e da exclusão do convívio social da maioria da sociedade pela escravidão certamente esclarece por que chegamos ao final do século XIX com praticamente 80% da população em idade escolar excluídos dos benefícios da alfabetização. E talvez esclareça também por que as preceptoras tinham sua função na terra dos sem-escola...

As elites não pretendiam abrir o conhecimento para a sociedade. Não foi esta a prioridade. A população, isolada no meio rural, sequer dispunha de mecanismos mais organizados para expressar suas insatisfações e exigir seus direitos. Manteve-se, portanto, um equilíbrio entre baixa demanda e número reduzido de escolas. Esse equilíbrio vai se quebrar no início do século XX.

O prefácio do livro *Estatística da instrução* traz um comentário crítico sobre a situação educacional brasileira em 1916: "Nesta nação (...) a incultura geral é, entretanto, tamanha que em dez habitantes maiores de 5 anos nem quatro se contam capazes de se comunicarem com os seus semelhantes por meio da leitura e da escrita..."

Os problemas de inadequação entre analfabetismo e trabalho industrial estão postos já no início do século XX. E também já está registrada criticamente a opção política elitista de concentrar esforços e recursos no ensino superior, desconsiderando a maioria da população. A concentração de renda, marca de origem do sistema colonial escravista, estendia seus efeitos na concentração de benefícios públicos na escala dos privilégios econômicos já confirmados. Mas o comentário acima sinaliza a opção que a elite brasileira fez por defender a educação para uma parcela seleta da população apta a estudar. A educação foi, ao longo da história republicana, um bem escasso, privilégio de poucos.

A Constituição de 1891, a primeira republicana, em fidelidade aos princípios descentralizados que a orientaram, estabelece que estados e municípios passam a ter responsabilidade pelo ensino elementar; o governo federal cuidaria do ensino superior. A formação da massa da população, a educação básica, ficou a cargo das regiões e submetida às grandes diferenças entre os estados e municípios brasileiros. Historicamente, cada unidade estadual ou municipal investiu em educação, segundo prioridades políticas definidas por sua elite de governo, segundo recursos que se disponibilizavam para educação e segundo uma lógica de atendimento a interesses nem sempre favoráveis ao aprimoramento do sistema educacional. Os dados sobre educação nas décadas que se seguiram à Constituição de 1891 refletem a assimetria no atendimento à população em idade escolar. Estados mais pobres exibem índices maiores de analfabetismo e fracasso escolar. As desigualdades se acentuaram, e a descentralização consagrada na Carta de 1891 não contribuíra para a criação de um sistema educacional que respondesse pela demanda de educação nas décadas de 1910 e 1920.

Se acrescentarmos a isso o fato de que, pela Constituição de 1891, só os alfabetizados votavam, pode-se concluir que, às perdas sociais, soma-se mais uma: a exclusão de participação como eleitor na escolha dos que vão governar, uma questão fundamental para a cidadania em qualquer sociedade moderna. O vínculo entre alfabetização e direito de voto limitava consideravelmente o colégio eleitoral, o que também poderia ser considerado como perda importante pela elite que disputava o eleitorado. A restrição de eleitores, provocada pelos altos índices de analfabetismo, acabou funcionando como uma forma de pressão da própria elite política em favor da alfabetização.

Sociedade livre: homens despreparados

> Todo problema da vitalidade de uma nação depende, entretanto, do esforço por criar e cultivar o homem são e o homem útil. (Alberto Torres)

As duas primeiras décadas republicanas expuseram as chagas da nação brasileira. A abolição da escravatura, como já prenunciava a jovem educadora alemã Ina von Binzer, desnudava a sociedade em sua incapacidade de incorporar seus cidadãos na vida comunitária. Habilidades, competências, capacidade de interação: tudo isso diz respeito à formação básica. Mas, como já sabemos, 3/4 da população brasileira estiveram fora desse processo de formação, excluídos dos direitos de aprender para participar da sociedade de mercado. A elite sabe o valor da aquisição de conhecimento como forma de manutenção de seus privilégios. Por esta razão, garantiu para si as escolas. Na falta delas, recorria às preceptoras.

A oferta da rede pública de ensino esteve longe de atingir a população em idade escolar. As escolas estavam reservadas às elites e puderam, por isso, ser mais bem controladas e exigidas em qualidade. Algumas escolas públicas sobressaíam no conjunto pela excelência. Basta recuperarmos a lembrança de uma escola que atravessou o século XIX e que, até o final do século XX, permanece como referência do ensino público de qualidade. Batizado com o nome do Imperador, o Colégio Pedro II foi símbolo de prestígio social para a elite que o freqüentava na certeza de seu padrão de excelência. Ele criou um modelo de ensino no país. E como era pequena a massa de população eleita para desfrutar da instrução, as poucas escolas sobressaíam, eram mais visíveis. Poucos estudavam, todos se conheciam.

Paralelamente à rede pública, um sistema privado foi se firmando no início da República. Em 1932, respondia por 18,4% das matrículas do ensino fundamental de um total de 2.071.437 de matrículas. Na rede privada, sobressai a Igreja católica, com as escolas confessionais de prestígio, mantendo e consolidando a tradição de ensino religioso que remonta às missões jesuíticas do início da colonização. A Igreja católica disputará seu lugar de primazia no sistema educacional privado ao longo de décadas da república no Brasil. Deixa registradas na memória do país escolas que são verdadeiros ícones da tradição pedagógica brasileira: Caraça, Colégio Anchieta, Sacré Coeur de Marie e Sacré Coeur de Jésus, Santo Inácio, Santo Agostinho, entre outras.

A educação acompanhou de perto a distribuição de renda no Brasil. Uma parcela ínfima da população controlou historicamente os recursos, e usufruiu convencionalmente dos benefícios da instrução. O título de bacharel em nosso país ganhou foro de nobreza. O "bacharel", aquele que completou o curso superior, e o "coronel", aquele que controla a política local do jogo de favores, constituíram-se nos dois pilares de prestígio, privilégio e mando social na Primeira República (1889-1930). A república dos bacharéis era também a república dos coronéis — muito distante da república dos cidadãos, como vêm demonstrando a tradição do pensamento social brasileiro e, recentemente, os estudos de José Murilo de Carvalho.

A hierarquia que a Primeira República aprofundou vem de tradição anterior, em vigor já no Império. Desde então, os assuntos educacionais foram atribuídos a uma simples repartição do Ministério do Império. Passou depois para o Ministério da Justiça e Negócios Interiores. Em seguida, uma passagem também efêmera pelo Ministério da Instrução, Correios e Telégrafos. Entre 1911 e 1925 apenas um órgão, o Conselho Superior do Ensino, de jurisdição do Ministério da Justiça, tratava de maneira mais técnica da administração escolar. 1925 acabou sendo uma data importante na história da educação brasileira, porque foi naquele ano que se fez a chamada Reforma de 1925, em que foram estabelecidas as condições para a criação de um órgão mais amplo e mais técnico, uma espécie de ministério da Educação, já reclamado durante a Primeira República.

A pressão por um investimento mais sistemático em educação era justificada pelo atraso brasileiro frente às nações prósperas. A idéia de progresso impregnava os discursos na década de 1910. A comparação com as modernas civilizações não favorecia uma boa imagem do Brasil. O fato de ter sido a idéia de progresso a força condutora das discussões a respeito da educação brasileira estimulou a criação e o aprimoramento das escolas técnicas e do ensino profissional. A sociedade teria que acelerar os passos na direção da profissionalização. E, ao final, uma nota esperada: como o mundo do trabalho esteve tradicionalmente associado ao trabalho escravo — impregnando-se, por isso, de sentido negativo —, a identidade do trabalhador foi igualmente depreciada. À medida, porém, que a sociedade sinaliza com a competição, com a idéia de progresso, de mercado, de consumo e ganho, o trabalho começa a ser visto como o passaporte para o convívio no mundo civilizado.

Quem será agora o trabalhador capaz de manusear este universo positivo, movido pelos ideais de progresso? Não seriam os negros, aqueles que se livraram da escravidão como regime de trabalho, mas não da escravidão como marca social negativa. A discriminação dos negros no período pós-abolição foi um dos mais agudos capítulos do racismo em nosso país. As ciências sociais registraram com muita ênfase o choque da desintegração do negro na sociedade de classes. O livro clássico de Florestan Fernandes, *Integração do negro na sociedade de classes*, é um exemplar típico dessa produção. Aos negros, jogados sem qualquer preparo e assistência na sociedade de mercado, ficou reservada a marginalização. Perambulando pelas ruas desempregados e desintegrados, sem rumo, abandonados, acabaram perversamente confirmando os preconceitos e estereótipos que a sociedade dos brancos lhes imputava.

A solução dos imigrantes

A política racista se traduziu em algumas decisões. Uma delas teve impacto direto sobre a educação. A vinda de imigrantes brancos, mais preparados, letrados, foi uma saída vislumbrada pela elite política e econômica para "higienizar" a sociedade brasileira. A miscigenação poderia se constituir em uma chance de "limpeza" dos brasileiros marcados pela cor e pela miséria social.

Os imigrantes se espalharam por muitas regiões do país, justamente aquelas que exibiam maiores condições de promover a industrialização. Foram recebidos como uma alternativa à mão-de-obra local, ex-escrava, iletrada, a qual as elites econômicas e políticas não se dispunham a valorizar ou preparar. O racismo implicado nessa política consistia na concepção do negro como raça inferior, incapaz para o trabalho, propensa ao vício, ao crime, e inimiga da civilização e do progresso. A política de imigração respondia de imediato com a troca do negro pelo branco. Com o tempo, promoveria a higienização pela miscigenação, pelo branqueamento, no contato com os brancos, da população brasileira, de maioria negra. Resolvia-se assim o problema do trabalho assalariado. O problema do ex-escravo ficava pendente. Para esse, o liberalismo republicano nada tinha a oferecer.

A mentalidade da elite brasileira não se altera na rapidez da troca de relação contratual de trabalho. Os imigrantes que vieram passaram a se relacionar com uma elite de ex-senhores de escravos. A mudança na relação de trabalho — antes escrava, agora por livre-contrato — não garantiu aos que aqui chegavam o espaço mínimo que tinham em mente para produzir seu próprio sustento. Muitos imigrantes fugiram das fazendas, das hospedarias de imigrantes; fugiram de maus-tratos e de promessas não-cumpridas. Queriam terras para trabalhar mas os fazendeiros não as queriam dar. "Foram os primeiros sem-terra", diz o diplomata Rubens Ricupero.

A imigração trouxe alguns embaraços para a elite de governo. Os imigrantes que aqui se instalaram, especialmente nas colônias de imigração nos estados do sul do Brasil, tinham uma mentalidade diferente daquela dos trabalhadores locais. Os estrangeiros, alemães, italianos, japoneses, traziam ao menos um traço comum: tinham como referência a mentalidade de liberdade. Provinham de sociedades nãoescravocratas. E porque se constituíam em cidadãos "expulsos" de suas comunidades por contingências econômicas ou políticas adversas, vinham dispostos a lutar e garantir para suas famílias uma vida melhor, de mais conforto e prosperidade. O trabalho e a disciplina eram as ferramentas básicas para se aproximar do sonho de suas vidas. Podemos listar como um dos efeitos dessa nova mentalidade na sociedade brasileira a promoção da educação básica por esses núcleos de imigrantes.

As colônias estrangeiras nas zonas de colonização, especialmente ao sul do país, trataram de afirmar suas próprias culturas no país que as acolhia. Os imigrantes, especialmente os alemães, construíram aqui suas próprias escolas, e mantinham nelas todo um universo de valores, linguagem, rituais e a celebrações de sua cultura de origem. Consideravam-se cidadãos brasileiros, cientes de suas obrigações para com o Estado, mas membros de nacionalidade de suas respectivas pátrias de nascimento. Como faziam isso? Em primeiro lugar, mantendo viva sua própria língua. E, como reforço, fortalecendo a identidade coletiva do grupo na celebração de rituais, no ensino das músicas, cânticos e expressões usuais da língua coloquial nativa. Eram comunidades irmanadas culturalmente dentro do Brasil, cada qual com sua face singular. As escolas eram o seguimento do espaço familiar, uma vez que nelas se cultivavam os valores de suas próprias culturas.

No entanto, a Primeira Guerra Mundial (1914-18) dificultou o processo de imigração. Por esta contingência externa, o Brasil teve que olhar seus próprios recursos humanos como aqueles que teriam que integrar o mercado de trabalho. A massa inculta, despreparada, abandonada à própria sorte, teria que ser remodelada às pressas. O Ministério da Agricultura, Indústria e Comércio regulara o Ensino Profissional no Brasil em 1906 (Decreto 1.606). Para remodelar o ensino profissional, em 1920, um engenheiro, João Luderitz, é contratado, e o programa de remodelação que consta da Comissão Luderitz fala de um "Serviço de Remodelação do Ensino Profissional Técnico", associado basicamente às classes "pobres", "populares", aos "meninos desvalidos", aos "órfãos", aos "abandonados", aos "desfavorecidos da fortuna"... Não era propriamente um programa educacional, e sim um plano assistencial aos "necessitados da misericórdia pública; um plano de regeneração pelo trabalho". O ensino técnico "regenerador" é uma extensão da dimensão negativa do trabalho, já que estava destinado àqueles que seriam "condenados" a freqüentá-lo. A educação profissionalizante nasce associada aos cidadãos de "segunda classe", os miseráveis, os "necessitados da misericórdia pública..." Essa marca de origem se cristalizou na tradição brasileira, e permanece sendo um ponto de discussão ainda hoje.

O início do século, portanto, desafia o país em muitos aspectos. Um deles — propalado por intelectuais e setores mais informados da sociedade —, foi transposto no discurso sobre a urgência e necessidade de definir um projeto educacional, não mais para uma sociedade fechada, mas para a sociedade aberta à disputa de muitos. A luta se daria entre uma atmosfera urbana, restrita mas reivindicativa, mais impessoal e diversificada, e as tradicionais oligarquias rurais que, se algum interesse demonstravam na educação do povo, era exatamente para controlar sua participação. A "educação moral dos trabalhadores" funcionava como um recurso de controle à participação e à reivindicação de seus direitos sociais. O coronelismo da república das oligarquias foi muito favorecido pela extensão do analfabetismo no Brasil. Dois processos que se autoalimentam: controla-se com mais facilidade o voto daqueles que não têm acesso à informação, e daqueles que, isolados em comunidades mais fechadas, no isolamento do ambiente rural, estão constrangidos a aceitar que o exercício de poder de mando de alguns confunde-se com autorização para viver dos demais. Havia, portanto, equilíbrio entre a baixa demanda social de educação e o número restrito de escolas no país. Não há fracasso quando não se quer ganhar. Nos termos em que se propôs, as metas foram cumpridas. É ilustrativo a esse respeito o comentário do educador Lourenço Filho sobre a evolução da taxa de analfabetismo, a contar de 1900 até a década de 1930:

> (...) é fácil compreender que, em grupos de população muito dispersos, de economia incipiente, muitas vezes reduzida à prática de agricultura de subsistência, ou pouco mais que isso, em regime quase geral de subemprego, as expectativas de melhoria dos padrões de vida são exíguas, não apresentando maior sentido prático a preparação formal que a escola passa a proporcionar (...)

Tal equilíbrio seria rompido, definitivamente, na década de 1920, a década da mobilização em torno de concepções de projetos de nação, como já nos mostrou Lucia Lippi Oliveira. Foi a década da exposição de alternativas de reformulação do quadro social e educacional do país.

Mobilização pela reforma: a sociedade se organizando

> 3/4 dos brasileiros vegetam miseravelmente nos latifúndios e nas favelas das cidades, pobres párias que, no país do

> nascimento, perambulam como mendigos estranhos, expatriados na própria pátria, quais aves de arribação de região em região, de cidade em cidade, de fazenda em fazenda, desnutridos, esfarrapados, famintos, ferreteados com a preguiça verminótica, a anemia palustre, as mutilações da lepra, das deformações do bócio endêmico, as devastações da tuberculose, dos males venéreos e da cachaça, a inconsciência da ignorância, a cegueira do tracoma, as podridões da bouba, da leishmaniose, das úlceras fragedêmicas, difundindo sem peias esses males.

O desabafo é do higienista Belisário Penna. Em 1912, por solicitação de Oswaldo Cruz, Belisário Penna fez um inventário sobre as condições de saúde de populações sertanejas. A saúde, ao lado da educação, constituía problema primordial, pois era a base incontestável do vigor físico, da melhoria da raça, da produção, da alegria, da riqueza, do progresso, pontificava ele. Alguns anos depois, em 1916, Miguel Pereira, catedrático da Faculdade de Medicina, cunhou uma frase que acabou se transformando em uma espécie de *slogan* à empreitada de olhar de perto as condições do povo brasileiro no início do século: "O Brasil é um imenso hospital."

O constrangimento da situação brasileira aparecia também em outros inventários. A obra clássica de Euclides da Cunha, *Os sertões*, resultado de sua observação participante na comunidade onde se desenrolou o episódio violento da Guerra de Canudos, na década de 1890, é mais do que o relato de uma guerra cruenta. Eternizou-se na literatura como o diagnóstico minucioso do Brasil de que não se falava, o Brasil do interior, da exclusão, do isolamento, fruto do descaso das políticas públicas. Um imenso Brasil se separava do Brasil do litoral, da Corte, da elite que governava e controlava os recursos de todos como bens privados de uns poucos. A década de 1910 municiou intelectuais e homens públicos de informações de que precisavam para se movimentar por reformas políticas. Os relatos de viagens, as expedições científicas, o trabalho dos desbravadores do Brasil intocado constituíram-se em matéria-prima a compensar nossa falta de informações confiáveis.

Euclides da Cunha, Belisário Penna, Miguel Couto, Miguel Pereira, entre outros, foram autores de frases célebres que sintetizam o drama brasileiro do início do século. "Progredir ou desaparecer", dizia Euclides em seu inventário literário-científico. No Brasil, só há um problema nacional: a educação do povo, era a fala de Miguel Couto. E o Brasil como "imenso hospital", de Miguel Pereira, completa o tripé da junção que nunca pôde ser desfeita entre educação e saúde em nosso país. Basta lembrar que o primeiro Ministério da Educação, criado em 1930, recebeu o nome de Ministério da Educação e Saúde. Apenas em 1953 as duas pastas seriam separadas, sendo Miguel Couto Filho o primeiro ministro da Saúde. Naquela década do início do século XX a palavra estava com os cientistas. Mesmo nosso engenheiro-literato, Euclides da Cunha, se autorizava escrever como mensageiro da ciência. Só a ciência salvaria o país; só pela ciência poderíamos apressar os passos na direção do progresso, evitando assim o desaparecimento da nação. Só pela ciência seria possível higienizar a sociedade, não apenas com os recursos da engenharia do saneamento, mas pela prevenção e tratamento das doenças endêmicas. O povo era inculto e doente e a sociedade já dera provas suficientes de que, espontaneamente, não se poria fim a essa situação de calamidade.

A tônica da década de 1910 foi sendo revigorada com as receitas científicas. Todas as iniciativas públicas tiveram que se justificar segundo parâmetros dos avanços científicos da época. A educação não escapou dessa onda, e foi um dos campos onde a ciência moderna teve maior acolhida como justificativa de propostas de reformas.

O grande problema do Brasil, o analfabetismo de praticamente 80% de sua população, aparece como uma condenação ao projeto republicano. Diante dele, eclodiram sugestões de alfabetização intensiva, uma tentativa de fazer, em um par de anos, o que não havia sido feito em séculos. Chegou-se a considerar em São Paulo, com a Reforma Sampaio Dória (1920), por exemplo, a concentração do ensino primário em dois anos para que, em tempo menor, um maior número de pessoas chegasse ao conhecimento elementar das letras. Essa medida do governo pretendia se justificar no seguinte dilema: qual a melhor solução provisória ao problema do ensino primário? O ensino primário incompleto para todos ou o primário integral para alguns?

O reconhecimento da precariedade educacional motivou a plataforma de atuação das Ligas de Defesa Nacional espalhadas pelos estados da federação. As Ligas desempenharam um papel importante na luta pela educação popular, com o projeto de alfabetização em massa da população e a disseminação da escola primária. Os integrantes das Ligas estavam convencidos de que o problema brasileiro era resultado da valorização indevida dos sentimentos em vez da razão, na condução da vida social. Nosso sentimentalismo impedia que chegássemos ao conhecimento mais preciso sobre a situação social do país. Faltavam-nos os dados confiáveis. Para corrigir tal distorção, a nação deveria se empenhar em uma campanha nacional pela alfabetização em massa. O remédio parecia milagroso:

alfabetizando-se a população, corrigiam-se de pronto todas as mazelas que afetavam a sociedade brasileira em sua expressiva maioria.

A criação da Associação Brasileira de Educação (ABE) e o movimento dos reformadores da década de 1920, conhecido como movimento da Escola Nova, foram respostas críticas a esse tipo mais imediatista e pragmático de solução para o grande problema nacional. Em 1924, um grupo de educadores brasileiros reunia-se no Rio de Janeiro para criar a ABE. Imbuídos dos ideais renovadores, mobilizaram-se pela ABE educadores como Heitor Lira, José Augusto, Antônio Carneiro Leão, Venâncio Filho, Everardo Backeuser, Edgard Süssekind de Mendonça e Delgado de Carvalho. Não era um órgão de classe, mas uma organização que encarnava um movimento. Tinha como objetivo influir na implantação de políticas para a educação. A ABE abrigou em seu programa de debates e conferências a elite dos educadores que se empenhavam em difundir no Brasil os avanços no campo da educação em vigor na Europa e nos Estados Unidos. A ciência se punha a serviço da melhoria da educação brasileira em bases mais sistemáticas. O movimento da Escola Nova é a síntese mais acabada desse empenho.

A ABE incluiu em sua agenda de debates e conferências a crítica ao "fetichismo da alfabetização", defendendo um programa de educação integral. Educação integral capaz de modernizar o homem brasileiro, de transformar essa espécie de "Jeca Tatu em brasileiro laborioso, disciplinado, saudável e produtivo". Os homens que integravam a cruzada da ABE representavam-se como homens esclarecidos, bem intencionados e comprometidos em solucionar o grande problema nacional. Moviam-se pela crença iluminista de transformar mentalidades através do grande projeto reformador da associação. As conferências nacionais que promovia eram verdadeiros pólos de aproximação dos educadores de todos os estados. A Associação Brasileira de Educação agregou educadores e reformadores que engrossaram as fileiras do próprio movimento da Escola Nova entre nós.

Vigorou o princípio da ciência como orientação fundamental dos procedimentos de inovação. E a ciência moderna, especialmente a psicologia, divulgava suas descobertas em favor da observação e atenção às diferenças individuais como recurso indispensável ao sucesso de qualquer programa de aperfeiçoamento humano. Observando as diferenças, as necessidades, os interesses individuais, os reformadores teriam grande parte de seu empreendimento bem-sucedido. Muito se derivou desse princípio. Como conhecer esses talentos? Como apurar as diferenças? A psicologia oferecia à ciência da educação as sugestões dos testes padronizados para se chegar às vocações individuais. (Qual de nós não ouviu falar dos testes de aptidões vocacionais?) Mas também a educação convencional teria que se submeter aos procedimentos científicos. Houve então uma onda de se reler a pedagogia pelo figurino da ciência. A Escola Nova foi um dos movimentos que se vestiu de acordo com essa moda. Esse grande movimento traz à cena pública os educadores que marcaram o primeiro século da república brasileira. Anísio Teixeira, em carta de 1936 a Monteiro Lobato, realça o papel da ciência na reconstrução do Brasil: "(...) Essa gente sã é sã porque se nutre bem. E que a nutrição intelectual é tão precisa quanto a material. (...) Ora, a nutrição de hoje é o pensamento elaborado à vista do avanço das ciências e da democracia..." A convicção do educador se construiu na familiaridade com modelos que considerava exemplares, especialmente, como se sabe, o modelo norte-americano.

Os exemplos sempre lembrados

É só no século XIX, e não antes, que, nos países centrais, cria-se uma correspondência entre a idéia de construção de Estado-Nação e a montagem de sistemas públicos de educação. Historicamente, no quadro das revoluções modernas (Revolução Industrial, Revolução Francesa e Revolução Americana), as orientações que se imprimiram à educação responderam a problemas específicos da ordem social de cada um desses países. Em alguns países europeus, a universalização do ensino básico foi um dos instrumentos de superação de diferenças locais, remanescentes do feudalismo. Os sistemas escolares acabaram se tornando uma variável crucial, em termos sociológicos, se quisermos perceber formas diferenciadas pelas quais os países modernos implementaram seus projetos de Estado-Nação.

O exemplo francês é sempre lembrado, pela responsabilidade que lá se atribuiu à escola no empreendimento da construção nacional. A França se insere entre os países que conseguiram universalizar dez anos de ensino obrigatório. A escola elementar corresponde aos nossos quatro primeiros e o *collège*, aos nossos quatro últimos anos do ensino fundamental. A escolaridade na França é obrigatória dos 6 aos 16 anos, estendendo-se do pré-elementar ao liceu. O desafio do século XIX — integrar alunos de localidades distintas dentro do país, forjando entre eles um elo cultural comum, um sentido unívoco de nacionalidade, foi bem-sucedido. A educação escolar funcionou na França como um dos mais permanentes instrumentos de socialização de valores.

O contraponto interessante ao exemplo francês são os Estados Unidos. Há quem diga que eles não têm um sistema educacional. São muitos os relatos que reforçam essa convicção. Dentro do próprio país, discorrem os narradores, convive uma imensa pluralidade com todo tipo de prática que se busque. Tal crença encontrou nos intelectuais fonte segura de disseminação. Ao menos é esta a convicção de George Counts:

> A educação nos Estados Unidos jamais foi imposta de cima. Primeiro, como colonos ao longo do litoral atlântico, e mais tarde como pioneiros nas terras bravias do interior, o povo levou consigo as suas instituições para onde quer que fosse. Foi desta maneira que estabeleceu as suas escolas, cada comunidade fazendo o que lhe parecia conveniente. Nenhum grande estadista, nenhuma ordem sacerdotal, nenhuma classe intelectual, nenhuma comissão de sábios, nenhum governo centralizado inventou o sistema de educação americano. Sejam quais forem os méritos e os defeitos que possua, é a obra autêntica do povo.

Para nos convencer de seu argumento, Counts faz uma digressão à história do povo americano, realçando a singularidade daquele país desde seu processo de colonização. Os Estados Unidos encorajaram o maior fenômeno de migração da história, traduzido em uma cifra de aproximadamente 40 milhões de homens, mulheres e crianças no período que compreende do começo do século XVII até a metade do século XX. Mas o ponto mais importante para a conclusão de que a educação americana reflete a obra do povo está no tipo de imigrante que aquele país recebeu, sugere George

Counts. Pessoas comuns, no sentido de que não tinham riqueza nem estado social; pobres, oprimidos e perseguidos do Velho Mundo, da velha Europa. Esse relato é parte substancial da narrativa de construção do ideário daquele país, e foi selecionado por ser de autoria de Counts, um dos intelectuais norte-americanos que estreitou relações com Anísio Teixeira, estendendo-as ao grupo de educadores em viagem aos Estados Unidos por indicação e supervisão deste.

Não havendo, portanto, um sistema de colonização a partir de um Estado, ou de uma elite política organizada, a sociedade que se formou nos Estados Unidos teve que lidar com outros desafios. As 13 colônias que compuseram a federação norte-americana consideravam-se estados independentes, e fizeram prevalecer a idéia de que cada uma delas deveria ser respeitada em sua soberania. A idéia de nação americana, diferente da francesa, não consistia, portanto, no estabelecimento de uma estrutura comum a partir do Estado, mas na manutenção das diversas soberanias, com igual sentido de pertencimento ao conjunto maior. E embora o governo federal tenha desempenhado importante papel no desenvolvimento de alguns aspectos da educação americana, e a guerra civil entre estados do sul e norte do país (1861-65) tenha mobilizado esforços para garantir fundos federais consideráveis para a educação pública, não se pode dizer, em se tratando dos Estados Unidos, que a educação seja matéria de governo central. Pelo menos, não é identificada dessa forma. A educação é essencialmente uma função de cada estado da Federação, individualmente, e mais, com invulgar independência dos próprios distritos.

Essa maneira de pensar teve um impacto muito grande sobre a forma como se organizou a educação nos Estados Unidos. Se o princípio que rege a organização da sociedade é o princípio da igualdade, fundamento da democracia, a população teria que ter acesso a benefícios básicos de forma equivalente. Estabeleceu-se, assim, que o sistema de educação seria o de escola *gratuita*, sem taxas de matrícula, e da escola *comum*, freqüentada por todos os segmentos da população. Um único sistema educacional deveria atender a toda a população. Nos Estados Unidos, apenas nos estados do sul escravista foi possível encontrar a experiência de sistema dual, criado na Europa, com programa curricular resumido para as massas e extenso para as classes superiores. A Guerra de Secessão pode ser compreendida como a radicalização dessa separação que marcou a diferença entre os estados do sul e os estados do norte.

O desfecho da guerra civil consagrou a vitória do norte sobre o sul escravista e fortaleceu ainda mais o que pretendiam fosse o ideal norte-americano de nação. No final do século XIX, quando a Repartição do Censo anunciou o fechamento da fronteira geográfica

— símbolo das oportunidades econômicas abertas no início da colonização —, o país já se movimentava rapidamente em direção à urbanização e industrialização, uma nova civilização que dependia basicamente da escola na preparação dos americanos para as muitas ocupações. O ensino primário e, também, o secundário, com forte orientação prática e tecnológica, floresciam e vigoravam no país de norte a sul.

O contraste com a experiência brasileira é marcante, quer recuperemos o modelo francês, quer nos fixemos no projeto norte-americano. No final do século XIX, o Brasil estava muito distante do ideal de participação social de homens livres.

Intelectuais reformadores

Os intelectuais se valem de muitos expedientes para se comunicar e fazer públicas suas idéias. Os encontros nos bares, a boemia, os espaços sociais de manifestação de opiniões, a imprensa, as universidades, os eventos culturais, tudo isso alimenta a troca de pontos de vista, a confirmação de convicções, as disputas e o brilho da constelação daqueles que se orientam pela atividade intelectual. Antes do avanço da telefonia e, posteriormente, do reinado definitivo da informática, as cartas foram os principais instrumentos reveladores dessa troca. A correspondência trocada entre amigos, portanto, os documentos mais íntimos, revelam o que Monteiro Lobato quis chamar a "irmandade" entre os que se afinavam pessoalmente. Disputadas, esperadas com ansiedade, as cartas são confissões de crenças, desabafos de sentimentos. Mas são igualmente uma fonte documental inestimável. A correspondência entre os educadores pode ser vista como um verdadeiro mapa do movimento em prol da educação no Brasil. Aprendemos muito com elas. Revisitamos movimentos, atribuímos vida aos procedimentos impessoais dos decretos e pareceres, humanizamos processos que o tempo e a rotina burocrática impessoalizaram progressivamente.

Aprendemos com as cartas, por exemplo, que Monteiro Lobato foi uma extraordinária figura de ligação entre educadores. Por ocasião da volta de Anísio Teixeira ao Brasil, em 1929, Monteiro Lobato escreve ao amigo Fernando de Azevedo:

> Fernando. Ao receberes esta, pára! Bota pra fora qualquer senador que esteja aporrinhando. Solta o pessoal da sala e atende ao apresentado, pois ele é o nosso grande Anísio Teixeira, a inteligência mais brilhante e o melhor coração que já encontrei nesses últimos anos da minha vida. O Anísio viu, sentiu e compreendeu a América e ele te dirá o que realmente significa esse fenômeno novo no mundo...

O diálogo entre Anísio Teixeira e Fernando de Azevedo aberto por Monteiro Lobato foi dos mais permanentes. As cartas só se interromperam às vésperas da morte abrupta de Anísio em 1971. Lendo a correspondência, somos levados a crer que Fernando de Azevedo manteria a conversa até o final de sua vida, em 1994.

> Às vezes, transportando-me em pensamento aos dias de minha infância, tenho a impressão de encontrar entre os meus companheiros de idade o meu caro Anísio, que há três anos trouxe à minha presença a mão generosa de Monteiro Lobato. Ele sabia — e declarou em sua carta — que nos tornaríamos grandes amigos. O interesse pela educação e a comunidade de idéias completaram a obra que a simpatia recíproca iniciou, tornando indissolúveis, pela mais profunda solidariedade intelectual, os laços apertados pela força da comunhão de sentimentos.

Na correspondência entre esses intelectuais-educadores aprendemos ao menos duas coisas a respeito do cenário brasileiro encontrado nas décadas de 1910 e 1920, décadas de mobilização pela construção da nação. Primeiro, a aguda consciência que tinham a respeito da extensão da "mancha" nacional — o descaso com a educação e os índices históricos de analfabetismo como responsáveis por uma doença de efeitos perversos sobre a convivência humana e democrática. Segundo, tomamos contato com uma crença, nunca mais reeditada com tal força, de que em sua missão de intelectuais reformadores poderiam, pela educação, salvar o Brasil. Uma verdadeira religião cívica tomou aqueles homens das letras, da educação, da psicologia, das ciências sociais. As inspirações que os moviam já encontramos na primeira referência de Monteiro Lobato. Anísio traria a América como exemplo a ser pensado de sociedade democrática que já solucionara politicamente seu problema com a educação. Um país, diria ele em outra situação, que mostrava ser possível juntar pobres e ricos em uma mesma escola pública, e que o encantara com isso. De volta ao Brasil em 1928, Anísio fala de sua experiência nos Estados Unidos como uma verdadeira "conversão". Acompanhando sua correspondência pessoal, é possível comprovar sua influência junto a um grupo maior de educadores no sentido de persuadi-los a também usufruírem da oportunidade daquela experiência intelectual.

A emocionada recomendação de Lobato a Fernando de Azevedo renderia frutos. A irmandade cresceria. Seu arquiteto teria papel inestimável nessa construção. Em carta a Anísio Teixeira, datada de 1929, Lobato diria sobre Fernando de Azevedo:

> Fernando é em si uma obra d'arte da natureza e tudo quanto dele sai vem com esse caráter de obra d'arte que com tanta justeza lhe notaste na obra que empreendeu

no Rio.* Quanto mais a fundo o conheceres mais me agradecerás o ter-te revelado esse admirável irmão da grande irmandade. Prevejo que do encontro de ambos bons frutos hão de surgir.

E de fato, surgiram.

O contato com Monteiro Lobato vem dos tempos de América. E a conversa dos dois é sempre mesclada pelo culto à civilização norte-americana, ao "afofamento da paina cerebral [que] só a América dá...", nas palavras de Monteiro Lobato. Anísio se transforma em espécie de evangelizador dessa troca com a América, promovendo a ida e apresentando formalmente os educadores brasileiros aos centros acadêmicos dos Estados Unidos. "(...) Depois, temos sempre presente que somos seus enviados e que desejamos cumprir a missão a seu contento...", confirma Lourenço Filho em carta de 30.1.1935 a Anísio.

A paixão pelos Estados Unidos os aproxima de São Paulo. "Não vivia eu a dizer-te que São Paulo não era Brasil? Que tudo lá já estava inteiramente ganho pela corrente da civilização? Sempre que falávamos do Brasil eu excluía São Paulo e agora pudeste verificar que a

---

* Monteiro Lobato se refere à atuação de Fernando de Azevedo na Reforma Educativa do Distrito Federal em 1926, à frente da Instrução Pública do Rio de Janeiro na gestão do prefeito Antônio Prado Júnior.

razão me assistia", diz Monteiro Lobato a Anísio Teixeira em resposta a uma carta onde este falava de sua viagem a São Paulo. Os comentários azedos a respeito do Rio de Janeiro estão na mesma correspondência: "Um fenômeno de parasitismo consciente e organizado, que em nada crê, pilheria a propósito de tudo, tem graça, é leve e por isso tudo terrivelmente venenoso e envenenante. Em São Paulo notas por toda a parte uma fé bem próxima da que observaste no americano..." Os Estados Unidos foram, indiscutivelmente, boa fonte de fundamentação do movimento renovador da educação brasileira que recebeu também aqui o nome de Movimento da Escola Nova.

A Escola Nova, inspirada em grande medida nos avanços do movimento educacional norte-americano, mas também de outros países europeus, teve grande repercussão no Brasil. Os ideais que lhe deram corpo foram sempre inspirados na concepção de aprendizado do aluno por si mesmo, por sua capacidade de observação, de experimentação, tudo isso orientado e estimulado por profissionais da educação que deveriam ser treinados especialmente para esse fim. Duvidando dos métodos convencionais, acabava questionando toda uma maneira convencional do agir pedagógico.

O Movimento da Escola Nova no Brasil se empenha em questionar diretamente a dispersão dos acontecimentos, a fragmentação das informações, a forma como se conduziu a educação no Brasil do início da República. Mas o próprio movimento reflete essa fragmentação. A efervescência das reformas que pipocaram pelo país confirma a impressão de que a década de 1910 havia preparado um ambiente crítico para que alguma política mais efetiva interviesse em favor da melhoria da educação. As reformas de São Paulo (1920), Ceará (1922-23), Bahia (1928), Minas Gerais (1927-28), Pernambuco (1928), Paraná (1927-28), Rio Grande do Norte (1925-28) e o então Distrito Federal (1922 e 1926) ficaram associadas definitivamente aos educadores reformadores. A fragmentação do movimento foi observada por Fernando de Azevedo, um de seus líderes. Transitavam entre os educadores as interpretações mais variadas das correntes e doutrinas pedagógicas sob a mesma sigla genérica de Escola Nova ou Educação Nova. As inúmeras reformas de ensino da década de 1920, nos mais diferentes e distantes estados da Federação, refletem essa diversidade de orientação. Mas refletem igualmente o dinamismo e a inquietação em responder ao desafio de apagar a mancha da nação.

A preocupação com essa dispersão, com a "confusão doutrinária", como a quis chamar Fernando de Azevedo, influiu muito na participação efetiva dos pioneiros nos rumos da política nacional para a educação da era Vargas. O primeiro governo Vargas (1930-45) avançou o processo de montagem de um sistema educacional. Os pioneiros tiveram papel relevante na defesa de um

1. Anísio Teixeira (de óculos) e Monteiro Lobato (à sua esquerda). Estados Unidos, década de 1920. O pragmatismo norte-americano foi uma forte influência no debate sobre os rumos da educação no Brasil do século XX.

2. Capa do livro *Manifesto dos pioneiros da educação nova*, São Paulo, Companhia Editora Nacional, 1932. Assinado por 26 educadores, o manifesto defendia a educação pública, gratuita e laica.

3. Encerramento do VII Congresso Nacional de Educação. Rio de Janeiro, 1935. (1) Augusto do Amaral Peixoto, (2) Anísio Teixeira, (3) Celso Kelly, (4) presidente Getúlio Vargas, (5) Ernesto Batista, (6) ministro Gustavo Capanema, (7) Paulo de Assis Ribeiro, (8) Carlos Drummond de Andrade, entre outros.

4. Sentados, da esquerda para a direita: Manuel Lourenço Filho, Roquete Pinto, Gustavo Capanema, Heitor de Farias, entre outros. De pé: Manuel Bandeira (3º), Raimundo Peregrino Júnior, Alceu Amoroso Lima, Cornélio Pena, Hélder Câmara, entre outros. Escola Nacional de Belas Artes, Rio de Janeiro, 1936.

5. Darcy Ribeiro e Anísio Teixeira no lançamento da Cartilha de 1962.

6. O ministro da Educação e Cultura, Antonio Oliveira Brito, ao lado do primeiro-ministro Tancredo Neves, assina o decreto de criação da Universidade de Brasília. À sua direita, Anísio Teixeira. Ao fundo, de terno escuro e sorrindo, Darcy Ribeiro. Janeiro de 1962.

7. Darcy Ribeiro (2º da esquerda para a direita) e Anísio Teixeira (4º) no I Encontro Nacional de Educadores. Campus da UnB, novembro de 1962.

sistema nacional de educação, e o pós-1930 acabou se constituindo em um verdadeiro palco de disputa de orientações para a definição dos rumos da educação no país. Os renovadores tiveram suas propostas vencidas, e o período pós-1935, início do autoritarismo que teria no Estado Novo (1937-45) sua manifestação formal, atingiu diretamente Anísio Teixeira. Após a revolta comunista de novembro e a prisão do prefeito do Rio, Pedro Ernesto, sob a acusação de envolvimento com a Aliança Nacional Libertadora (ANL), Anísio é destituído da função de secretário-geral de Educação e Cultura da capital federal.

O movimento renovador absorveu muito dos modelos externos. De fato, as inspirações se mesclaram na plataforma do movimento. Da França, os pioneiros retiveram a convicção de que era preciso criar um sistema nacional de educação sob a liderança e condução do Estado. Dos Estados Unidos, mantiveram o exemplo da extensão democrática com a propagação de uma escola pública, laica e gratuita. Mantiveram também a crença de que pela ciência se construiria educação de qualidade. A mescla desses dois modelos nas variantes apontadas — ênfase no sistema, no papel do Estado, na ciência e na reestruturação da sociedade pela educação — aproximou um leque amplo de intelectuais de orientações ideológicas muito distintas que estiveram às voltas com o empreendimento do pós-1930.

Décadas de reformas: o Estado na dianteira

A criação do Ministério da Educação e Saúde, em 1930, é um símbolo importante na reorientação da educação no Brasil. Foi a primeira vez que se assistiu a um grande empenho pela institucionalização de uma política para o setor. O Estado liderou o programa geral de reformas com o objetivo de criar uma unidade de orientação, de sistematizar um conjunto de procedimentos que fossem referência em todo o país.

Francisco Campos, jurista mineiro, ocupou a primeira pasta de ministro da Educação, em 1930, em um acordo que se estabeleceu entre governo federal e forças políticas do estado de Minas Gerais. O movimento renovador começava a ver contemplada sua demanda político-pedagógica de criação de um sistema nacional de educação. A correspondência dos educadores registra o convite do ministro a Anísio. "(...) Estou disposto a aceitar um desses lugares que cheguei mesmo a candidatar-me perante o ministro", escreve Anísio a Lourenço Filho. O educador baiano fala de "grandes coisas a iniciar". E, se o que estava em jogo era a criação de um sistema nacional, a Reforma de 1931 foi a primeira sinalização substantiva nessa direção. Quebrava-se, assim, a fragmentação de que falava Fernando de Azevedo, a pulverização de reformas pelos diversos estados brasileiros. Francisco Campos teria vida curta no Ministério da Educação: deixa-o em setembro de 1932, sendo sucedido por Washington Pires.

A definição de um programa educacional para o país implica muitas escolhas e recusas. São muitos os atores que têm interesse nesse programa. A Igreja católica, por exemplo, interferiu ativamente em todo o processo de reforma educativa do pós-1930. Dona de uma rede de escolas em todo o país, e consciente de seus interesses como formadora de mentalidades e condutas, correu com outros setores da sociedade que, igualmente, se empenharam em intervir no processo de reformulação. Os educadores pioneiros estavam no centro das discussões. Tinham suas propostas formuladas desde a década de 1920 e expressaram publicamente seu ideário no *Manifesto dos pioneiros da educação nova*, publicado em 1932, redigido por Fernando de Azevedo e assinado por 26 educadores brasileiros integrantes do movimento de "renovação educacional". Defendiam com fervor cívico a *escola pública, gratuita e laica*. "Será a primeira vez que educadores no Brasil — e no momento mais grave de sua história — se apresentam com um programa de diretrizes definidas, enquanto à volta deles se multiplicam e se baralham as opiniões, fluidas e inconsistentes (...)", escreve Azevedo a Anísio em 25.2.1932. O *Manifesto* de 1932 não seria mais de um autor — "(...) já me esqueço de que fui eu quem o escreveu (...)". O empenho pela divulgação na imprensa nacional, pela assinatura de mais figuras públicas, a busca de solidariedade e adesão ao programa de que o *Manifesto* é expressão, tudo isso está registrado nas cartas de 1932.

O episódio do *Manifesto dos pioneiros* é mais um momento em que se cruzam os dois modelos inspiradores da reforma educativa. Seguindo a tradição do pragmatismo norte-americano, Anísio defendia uma reforma que democratizasse a educação segundo o princípio de reconhecimento da inteligência do senso comum. Fiel à versão francesa, Fernando de Azevedo distinguiria em papéis muito distintos a massa e a elite, confiando à última o papel civilizador: "A massa, como sempre afetiva e instintiva, deixa-se governar mais pelos seus sentimentos do que pelas idéias. O que falta não é o pensamento claro de uma *elite*, capaz de lhe transmitir um ideal novo, em cuja substância vivam as forças que elaboram a nova civilização?", perguntou a Anísio Teixeira em 30.10.1932.

Os pioneiros confrontaram-se imediatamente com a proposta da Igreja de fortalecer a rede privada de escolas confessionais e de garantir a obrigatoriedade do ensino religioso em todo o sistema educacional. As três Constituições brasileiras (1891, 1934 e 1937), em seus artigos 72, 153 e 183, respectivamente, ilustram a pressão da Igreja católica para imprimir rumos na educação. Na Constituição de 1891, definiu-se que seria leigo o ensino ministrado nos estabelecimentos públicos. Na Constituição de 1934, a menção ao ensino religioso é feita com uma alteração em favor da Igreja: seria facultativo, e de acordo com a confissão de fé, manifestada pelos pais ou responsáveis, constituindo matéria dos horários nas escolas públicas primárias, secundárias, profissionais e normais. A Constituição de 1937 determinou que o ensino religioso poderia ser contemplado com matéria de curso ordinário das escolas primárias, normais e secundárias: não poderia se constituir objeto de obrigação dos mestres ou professores, nem de freqüência compulsória por parte dos alunos.

Os três aspectos — ensino leigo, obrigatoriedade do Estado em garantir educação a todos e coeducação — constituíram o pomo da discórdia entre os educadores que acorriam às conferências da ABE. Temos então, de um lado, os que promoviam e lideravam as reformas e, de outro, os que, em sua maioria católicos, combatiam, acima de tudo, os três aspectos acima mencionados.

As pressões da Igreja foram intensas em todo o período de 1930-45. A gestão Gustavo Capanema no Ministério da Educação e Saúde (1934-45) teve que dialogar e negociar com as lideranças católicas ao longo de todo o período de atuação ministerial. A intervenção não se restringiu a um determinado ramo do ensino, mas a todo o projeto, afetando, inclusive, a reforma universitária, a nomeação dos dirigentes de secretarias de educação etc.

O confronto dos renovadores com a liderança católica deu-se no campo do debate entre correntes de pensamento com fundamentos muito distintos. Os liberais, com os quais os pioneiros da Escola Nova queriam ser identificados, reivindicavam os direitos do foro íntimo diante das pretensões de todas as igrejas estabelecidas. Foi conflituosa a relação entre liberais e autoridades religiosas. Para os primeiros, o Estado deveria abster-se de colocar seu braço secular à disposição de uma ortodoxia, seja ela política ou religiosa. Estabelecer a obrigatoriedade do ensino religioso na rede escolar é uma dessas heresias contra a qual a matriz de pensamento liberal se rebelou.

As reações da liderança católica aos pressupostos liberais nos anos 30 tinham seu fundamento em outras linhas de convicção. O individualismo que se espraiava na sociedade como fruto de sua modernização era a bandeira do liberalismo e fonte de sua defesa como ideário político e social. A Igreja católica reage negativamente a esse corolário. Ao contrário da crença liberal de que a sociedade se constrói pelo resultado do contrato estabelecido por indivíduos livres e autônomos, a Igreja compartilhava a crença de que a sociedade marcada pelo individualismo se torna vulnerável à desagregação.

Os segmentos conservadores mais influentes da Igreja católica na década de 1930 viam no liberalismo individualista a mesma ameaça de desagregação que atribuíam ao comunismo. Ser individualista, liberal, era se insurgir contra as normas sociais, era contribuir para a desagregação social — o que afinal seria tão contestador quanto a proposta socialista de intervenção. Os pioneiros foram acusados de serem partidários de doutrinas contrárias ao interesse nacional. Foram acusados de comunistas. O episódio do fechamento da Universidade do Distrito Federal (UDF), em 1939, ilustra de forma exemplar a interferência de setores conservadores da Igreja, à época liderados por Alceu Amoroso Lima, no alinhamento ideológico do ministério Capanema. Anísio Teixeira era reitor da UDF à época. A universidade foi fechada sob a alegação de afinidade do educador com os princípios e os ideais comunistas. A carta de Anísio Teixeira a Lobato de 7.7.1937 é um testemunho eloqüente da hostilidade que se criou entre pioneiros e educadores católicos, nominalmente citados, Tristão de Ataíde (Alceu Amoroso Lima), Arlindo Vieira e o padre Leonel Franca. O curioso é que, paradoxalmente, os pioneiros, acusados de comunistas, pretendiam ser identificados com o florescimento de uma sociedade capitalista, liberal e de livre-mercado no Brasil. Haja vista a inspiração que foram buscar nas experiências norte-americana e de alguns países capitalistas europeus.

Ministério das reformas e dos reformadores

A importância do ministério Capanema na história da educação brasileira pode ser compreendida por seu conjunto de iniciativas. Foi naquele ministério que se institucionalizaram políticas reclamadas em décadas anteriores, capazes de sustentar um sistema orgânico de educação nacional. A Reforma do Ensino Secundário, em 1942, a Reforma Universitária, com o estabelecimento de um padrão nacional de organização do ensino superior, a Nacionalização do Ensino, a criação do Sistema de Ensino Profissional, o chamado sistema paralelo — o complexo de serviços de treinamento para atividades econômicas (Senai, Sesi, Senac, Sesc) —, tudo isso ganha forma e organização na era Vargas, sob a liderança primeiro de Francisco Campos e, mais longamente, de Gustavo Capanema. Ficaram pendentes para a reabertura política de 1946 as legislações sobre o ensino primário e o ensino normal, ou seja, as duas pontas do segmento da educação básica: alunos e professores. De qualquer forma, ainda que tenha prevalecido a orientação conservadora e elitista, as linhas mestras em torno das quais se movimentou o sistema educacional brasileiro foram definidas e desenhadas no pós-1930, mais profundamente no ministério Capanema.

Mantendo a tradição brasileira de formar a elite, o ministério Capanema promoveu a Reforma do Ensino

Secundário de 1942, priorizando a orientação clássica humanista, reservando a formação profissional e técnica aos "necessitados da misericórdia pública". Mas deixa intocado o ensino básico. O governo enfrentaria o ensino básico, sim, como alvo de política de nacionalização. Este capítulo que o Estado Novo transforma em questão de segurança nacional tem seus antecedentes no movimento imigratório do final do século XIX e na ameaça que núcleos estrangeiros representavam ao projeto de integração nacional com suas escolas étnicas. O governo brasileiro interveio nas primeiras décadas da República, para impedir que as escolas estrangeiras prosperassem e que os núcleos estrangeiros se impusessem pela autonomia e preservação de suas próprias culturas dentro do território nacional. E foi sob o Ministério Capanema que, em 1938, a política nacionalizadora teve seu termo final. O episódio ficou conhecido na história política e da educação brasileira como "nacionalização do ensino".

Pós-guerra e democratização

O pós-guerra, no final da década de 1940, surpreende o Brasil em uma direção mais complexa. A redemocratização de 1946, traduzida na Carta Constitucional do mesmo ano, conferia conteúdo social ao liberalismo: assegurava direitos e garantias individuais inalienáveis, impregnados do espírito democrático, mas com previsão clara de intervenção do Estado para assegurá-los. Tratava-se de um liberalismo sustentado nas doutrinas sociais do século XX, e não mais na doutrina econômica liberal de séculos anteriores, elitista, aristocrática, restrita a um número muito reduzido de segmentos sociais. O Estado é chamado a intervir e garantir educação para todos, distinguindo sua atuação daquela prevista na Constituição de 1937, pela qual se abria ao setor privado concessão significativa para investimento em educação.

A pressão por educação aumenta no final dos anos 40. O contexto democratizante do pós-guerra legitima a demanda de benefícios educacionais a segmentos maiores da população. O sentido estritamente pragmático conferido à educação como qualificação de mão-de-obra vai sendo ampliado em uma dimensão política de mais acesso da população carente aos benefícios públicos garantidos em um Estado de Bem-estar. Os cursos profissionalizantes, em certa medida, respondiam pela demanda social e econômica de qualificação de mão-de-obra, e as próprias empresas tratavam de prover o treinamento de seus operários para o trabalho nas fábricas. Mas outro tipo de demanda ganha fôlego nas décadas de 1950 e 1960: demanda por participação política e social, para o que a educação parecia ser o caminho mais promissor.

Os princípios democratizantes da educação presentes na Carta de 1946 inspiraram no então ministro da Educação, Clemente Mariani, o estudo e a proposta de um projeto geral da educação nacional feito por uma comissão de educadores constituída para este fim. O resultado final foi a Lei 4.024, votada em dezembro de 1961, que tinha entrado para discussão no Congresso em 1948. A presença de Gustavo Capanema no Congresso como parlamentar, anos depois de cumprida sua gestão no ministério, inibia as discussões a respeito da reforma educativa assinada por ele ao longo de sua gestão como ministro. A discussão da democratização do ensino teria que passar em revista todo um desenho de sistema educativo modelado na era Vargas. Uma vez mais se expuseram ao conflito os pioneiros da educação, com a defesa do ensino público, gratuito e laico, e representantes do setor privado — não mais protagonizado pelas velhas lideranças da Igreja católica, mas por parlamentares, liderados pelo deputado Carlos Lacerda. Contra os pioneiros, conseguiram aprovar a emenda substitutiva ao projeto de Lei de Diretrizes e Bases de 1961, acenando consideravelmente com benefícios para o setor privado.

Os pioneiros, portanto, continuam ativos nos anos 50. Outro manifesto assinado em 1959, por 189 pessoas — *Manifesto dos educadores. Mais uma vez convocados* —, redigido, novamente, por Fernando de Azevedo, vinha a público para tratar do aspecto social da educação, dos deveres do Estado democrático e das necessidades impositivas de o Estado cuidar prioritariamente da sobrevivência da escola pública e de assegurá-la a todos. O debate se inflama e ocupa páginas dos jornais de maior circulação do país. A fala irônica e aguda de Darcy Ribeiro, tributário dos ideais de Anísio e do movimento escolanovista, dirigida a Carlos Lacerda, dá o tom daquela atmosfera: "A família para a qual o senhor reclama o soberano direito de escolha da educação para os filhos é a família bem, que não os quer junto do povo, que exige escolas que o poder público subvencione as despesas, ainda que à custa da educação popular." Darcy Ribeiro acusa Carlos Lacerda de ser o "coveiro da escola pública".

Darcy fala pelos ideais dos pioneiros; Carlos Lacerda acabou sendo o tribuno da causa da rede privada sob a alegação de que o Estado não deveria exercer o monopólio da educação, e que as famílias deveriam ser livres para optar entre um ou outro ensino. Os pioneiros perderam uma vez mais, já que o artigo 95 da Lei 4.024 previa que a União ofereceria a sua cooperação financeira ao ensino sob a forma de subvenção e financiamento a estabelecimentos mantidos pelos estados, municípios e *particulares* para compra, construção ou reforma de prédios escolares, instalações e equipamentos. O governo à época não dispôs recursos para estender sua rede oficial de ensino, marginalizando quase 50% da população em idade escolar. Deliberaria pela expansão da rede privada. A extensão dos benefícios da educação não alcançaram o conjunto da população mais carente.

"Todo ato educativo é um ato político"

A década de 1950 mereceria espaço maior do que o que está reservado neste texto. É possível dizer, sem risco de distorção, que foi a década do popular no Brasil. A descoberta do popular como resgate do sentido de nacionalidade — todo o movimento em torno da cultura *folk* se inclui nesta perspectiva — mas, também, a eleição do povo como sujeito social na vida brasileira. A densidade da década de 1950 vem do fato de se cruzarem como atores em disputa a elite que "construiria 50 anos em 5", ideário que tem sua consagração na construção e mudança da capital do Brasil, e as camadas populares que se mobilizam por conquistas sociais básicas.

A atmosfera da qual se impregnou a cultura contagiou a educação. O Movimento de Educação de Base (MEB), por exemplo, já no início dos anos 60, dirigia-se às classes trabalhadoras, com o objetivo de ampliar o universo cultural e educacional de amplos setores da população. A esquerda participou mais ativamente desse movimento, e a União Nacional dos Estudantes (UNE) liderava grande parte do programa. Um programa pedagógico cultural de conscientização política e mobilização social. Também os Centros Populares de Cultura (CPCs) nasceram em 1961, através da UNE, e funcionavam com o intuito de levar teatro, cinema, artes plásticas, literatura e outros bens culturais ao povo. Os Movimentos de Cultura Popular (MCPs) também se pautaram nos mesmos objetivos de ampliar o universo cultural dos segmentos populares brasileiros. Receberam influência da esquerda cristã. De todos esses movimentos, o MEB foi o que esteve diretamente vinculado à Igreja católica, à Conferência Nacional dos Bispos do Brasil (CNBB), sendo mantido economicamente pelo governo federal. Iniciou seus trabalhos de alfabetização em 1961.

O momento de inversão da tradição elitista da educação brasileira ficou fortemente identificado com a pedagogia de Paulo Freire, ou, como ele próprio gostava de definir, a "pedagogia problematizadora", cuja origem está definitivamente associada à alfabetização de adultos. A Pedagogia da Libertação de Paulo Freire é expressão exemplar da crença no poder libertador pela consciência e pelo conhecimento. Corresponde ao novo pensamento social da esquerda católica. Os escritos de Freire dos anos 50 e 60 serviram de base à pedagogia da libertação, que consiste na crença de que o homem tem a vocação de ser sujeito, não tendo que ser condenado a objeto da história. A tradição brasileira impediu que se desenvolvesse essa dimensão da vida humana. Libertar o homem do povo de seu habitual mutismo era a missão e a motivação para a mobilização pedagógico-política que deu vida ao método de Freire. *Todo ato educativo é um ato político*: esta é a síntese de todo um esforço de conscientização pela educação que o método Paulo Freire dissemina não só no Brasil. Ensinar conscientizando e aprender a partir das experiências concretas de cada sujeito foram os pilares de um método que teve vida longa e inspirou muitas outras experiências pedagógicas no Brasil e em outros países da América Latina.

A demanda pela educação popular, pela extensão da oferta de ensino ao conjunto maior da sociedade faria ressurgir um velho problema. A questão do ensino leigo ganha novo contorno nos anos 50. A novidade atinge, inclusive, a forma pela qual a Igreja católica se envolve na questão. A década popular irradiou seus reflexos também sobre a ação católica. Os valores da teologia da libertação fizeram militantes alguns segmentos do clero, quebrando a homogeneidade com que ficou identificada a linha de ação da Igreja nos anos 30. O que na década de 1930 veio revestido de todo um conteúdo moral antiindividualista, nas décadas de 1950 e 1960 vem mesclado pelo conflito no interior da própria igreja entre setores mais conservadores e mais progressistas. A teologia da libertação desloca o olhar da Igreja da elite, estendendo-o às camadas excluídas da população. A quebra de unidade da ação da

Igreja não desfez, no entanto, sua posição destacada na rede privada de ensino. E também neste aspecto podemos sublinhar a diferença com os tempos de Capanema. Não se trata mais de inserir o ensino religioso na rede pública, mas de ganhar proteção do Estado para o empreendimento privado em educação.

A menção aos anos 50 e início dos 60 nos mostra que contextos políticos democráticos acirram a pressão pela melhoria das condições de vida e de acesso às políticas públicas. A educação não escapa a essa contingência da dinâmica da vida societária. A década de 1950 e a primeira metade dos anos 60 foram a expressão radicalizada da pressão por participação na vida política e social brasileiras. Temas como mobilidade e exclusão sociais compuseram a agenda política de grupos e movimentos sociais, trazendo a precária situação de oferta da educação para uma dimensão predominantemente social.

As ciências sociais deram conteúdo intelectual e legitimidade acadêmica aos reclamos populares tanto pela intervenção de intelectuais no debate público, quanto pela criação de instituições especializadas de pesquisa. O Centro Brasileiro de Pesquisa Educacional (CBPE) selou nos anos 50 o encontro entre ciências sociais e educação de forma não mais reeditada no Brasil. Anísio Teixeira, Darcy Ribeiro, Florestan Fernandes e Oracy Nogueira conduziam as pesquisas de base sociológica que explicitavam os problemas brasileiros, entre eles, a dívida de atendimento de educação básica.

O movimento pela educação dava as mãos aos movimentos de cultura popular, e a pedagogia do oprimido encontrava na defesa da educação pública seu suporte de maior apelo social. Escola, conscientização, ascensão social e transformação política sintetizam os quatorze anos de efervescência interrompidos com o Golpe de 1964 e a subseqüente suspensão da experiência democrática no Brasil.

Anos de reclusão

Sob os 21 anos de ditadura militar, de 1964 a 1985, vimos uma vez mais a definição de investimentos em educação desconsiderando a educação básica. Ampliou-se o número de vagas nas universidades, além de crescer consideravelmente a participação da rede privada na oferta de ensino superior. A escola pública não foi prioridade de governo nas duas décadas de regime militar. Os dois projetos mais conhecidos foram exatamente a Reforma Universitária de 1968 (Lei 5.540/68) e a institucionalização do ensino profissionalizante no segundo grau (Lei 5.692/71). A Reforma de 68 institui o regime de créditos, à moda norte-americana, em substituição ao regime seriado, cria departamentos como unidades básicas de organização e decisão da vida universitária e funda o vestibular unificado e classificatório, pondo fim ao "sistema de excedentes", pelo qual os estudantes, apesar de aprovados pela média exigida, estavam impedidos de efetivar suas matrículas por falta de vagas nas universidades. Entre as alterações provocadas pela quebra do regime seriado, nenhuma se compara ao bloqueio na formação de grupos geracionais que desabrochavam do convívio em turmas que se mantinham juntas ao longo de quatro, cinco ou seis anos, dependendo da escolha de curso que os estudantes fizessem. A decisão pela flexibilização do regime de créditos teve o efeito político desmobilizador, muito ao gosto do regime autoritário, com o efeito social perverso de afetar profundamente as relações entre estudantes, abortando qualquer projeto de interação mais duradoura. O grupo antes identificado por uma determinada turma pulveriza-se, no tempo e lugar, de acordo com a conveniência de cada um no arranjo de disciplinas oferecidas, tendo como referência única e formal a matrícula número tal, do semestre tal, ano qual. O ascetismo burocrático do autoritarismo corroeu o espaço de convivência dos jovens estudantes universitários.

A corrida pela alfabetização, inclusive a alfabetização de adultos, foi liderada pelo Movimento Brasileiro de Alfabetização (Mobral). Lançado pela Lei 5.379, de 15.12.1967, no âmbito do Ministério da Educação, o Mobral surge como uma fundação de direito público em virtude da retração dos movimentos de educação de base e de alfabetização de adultos após a repressão política instaurada em 1964. O novo regime apressou-se a preencher um vácuo aberto na política educacional (embora o movimento de alfabetização só comece a funcionar em setembro de 1970). Um programa de governo para minimizar os efeitos das estatísticas alarmantes sobre os índices de analfabetismo no Brasil. Os educadores olharam sempre com muita desconfiança para esse programa de aceleração. A Escola Nova vê seu programa de educação integral reforçado na fala de Darcy:

> Graças ao Mobral, estamos salvos. Sem ele, a classe dominante estaria talvez perdida. Imagine-se o ano 2000 sem analfabetos no Brasil? Seria um absurdo! Não, graças à previdência de criar para alfabetizar um órgão que não alfabetiza, de não gastar onde se deveria gastar, de não investir onde se deveria investir (...) podemos contar com a garantia plena de que manteremos crescente o número absoluto de analfabetos em nosso país.

A década de 1970, também conhecida como a década do "milagre brasileiro", foi uma década de expansão de índices de crescimento econômico. Ampliou-se o sistema universitário com a explosão de vagas abertas pelo sistema privado do ensino superior, fomentou-se a área de ciência e tecnologia e de política científica com a criação de cursos e programas de pós-graduação em todos os domínios do conhecimento, procedeu-se à reformulação do ensino secundário em uma direção mais técnica com vistas à profissionalização. O ensino básico não seria ainda prioridade na década do "milagre".

A taxa de escolarização em todo o país, pelo censo de 1970, era de 66,3%, com a ressalva de que ingressavam no sistema escolar no Acre, 34,5%, no Ceará, 39,9%, no Piauí, 40,3%, no Maranhão, 41,1% e em Alagoas, 42,5% da população em idade escolar, deixando exposta a acentuada desigualdade regional no Brasil. O estado da Guanabara lidera a taxa de escolaridade (91,8%), seguido do Rio Grande do Sul (86,7%) e São Paulo (84,6%). Por esses dados, chegamos à década de 1970 com um índice nacional de analfabetismo de 33,7%.

A sociedade desafiada: o grito do mercado

Ao final do século XX, final também do milênio, muitas vozes se levantaram para denunciar o despreparo dos cidadãos para a vida em uma sociedade urbana industrializada, a sociedade da informação. Mais uma vez, confirma-se o diagnóstico de fracasso da nação brasileira em valorizar a educação como um requisito à democracia e à sociedade de mercado. A tônica de toda a ampliação do espaço na imprensa e nos meios de comunicação foi dada a partir da constatação de que o sistema educacional falhara na tarefa de preparar indivíduos para o mercado de trabalho. Os cientistas sociais dão lugar aos economistas, e é com eles que as avaliações recentes ganham publicidade.

O fracasso é diagnosticado não mais por não ter sido universalizado o acesso ao ensino básico. Não se trata mais de acesso à escola, insiste o governo, apoiado em dados oficiais recentes. O levantamento processado pelo Instituto Nacional de Estudos Pedagógicos (Inep) informa que a taxa de escolarização líquida da população de 7 a 14 anos saltou de 67%, em 1970, para 95,8%, em 1998. Da mesma forma que pudemos constatar uma certa homogeneidade no quadro de analfabetismo do final do século XIX, podemos também verificar, pelos dados do Inep, que o atendimento escolar na faixa etária de 7 a 14 anos ultrapassa os 90%, exceto em três estados da região nordeste: Piauí (85,9%), Alagoas (87,6%) e Maranhão (89,7%).

O Brasil tem no final de 1990, somados os níveis e modalidades da educação básica, cerca de 51 milhões de alunos. Desse conjunto, 36 milhões de matrículas concentram-se no ensino fundamental (1ª a 8ª série). Se acrescentamos ao ensino básico o superior, a população escolar brasileira está na faixa dos 53 milhões de matrículas, sendo 85% da rede pública de ensino. Mas, é importante assinalar, igualmente, a característica de afunilamento que ainda se mantém no ensino brasileiro: 36 milhões de alunos no ensino fundamental, perto de 7 milhões no ensino médio e pouco mais de 2 milhões no ensino superior.

No entanto, se os índices de universalização do acesso à educação básica são bastante estimulantes, o problema está na ineficiência do sistema escolar em oferecer educação básica de qualidade. Índices de repetência, baixo desempenho em escrita, cálculo e localização geográfica e histórica deram o tom da crise da educação brasileira no final do século XX. A sociedade da informação encontrou no país um sistema de ensino grande mas incapaz de fornecer aos estudantes habilidades requeridas à competição e desempenho na sociedade urbana do conhecimento.

A associação entre educação e preparo para o trabalho qualificado, entre educação e prosperidade econômica, é uma associação que, no final do século XIX, como vimos, até mesmo Ina von Binzer, uma jovem de 22 anos, estrangeira, recém-chegada ao Brasil, foi capaz de intuir. O grande problema hoje é não apenas correr atrás do que não foi feito, mas, principalmente, atender à demanda de indivíduos livres por uma sociedade democrática, competitiva e extremamente voltada ao consumo. Sociedade que, diferente de antes, diz aos indivíduos que trabalhar é símbolo de valorização pessoal, é a forma positiva de identificação e de apresentação ao mundo no qual estão inseridos. Migramos daquela sociedade que associava trabalho a condenação para outra, que associa falta de trabalho a incompetência, a fracasso, a isolamento. E como cada dia mais se fortalece a associação entre instrução e melhores chances de trabalho, a educação volta à cena como o atalho mais rápido para se chegar às profissões mais atraentes, especializadas. Passa a ser igualmente um indicador de discriminação os que têm instrumentos para competir e os que sequer tiveram acesso às informações exigidas para a competição.

Os dados oferecidos pelo IBGE para o início dos anos 90 indicam uma faixa de aproximadamente 16% de analfabetismo. E não estão incluídos nesse grupo os "analfabetos funcionais", ou seja, os que, já iniciados nas letras, são incapazes de compreender e interpretar a leitura, de proceder às operações matemáticas, de avaliar situações ou demonstrar habilidades requeridas na sociedade industrial automatizada. Os dados indicam, ainda, a discriminação dos negros e pardos se comparados à população branca. Em 1987, do grupo de 7 anos ou mais de idade, 31,6% dos pretos e 32,3% dos pardos são analfabetos. Ou seja, em 1987, eram analfabetos 63,9% dos que integram a faixa da população negra e parda em idade escolar, contra 13,8% de analfabetos na população classificada como branca.

Esses números gerais exibem a textura da mancha nacional se os discriminamos por cor. Segundo os dados do IBGE para 1991, permanecem analfabetos 46,28% da população em idade escolar caracterizada como preta e parda. Pretos e pardos são as vítimas preferenciais da exclusão aos benefícios da educação.

Ao contrário do final do século XIX, o Brasil aprimorou substancialmente seu sistema de informações. Os dados de censo escolar têm sido controlados, e todo um sistema de informações vem sendo veiculado pelos órgãos especializados do Ministério da Educação. Os dados têm sido divulgados na imprensa, na mídia em geral, e têm alertado sobre problemas que ainda persistem. Podemos dizer, com base nesta afirmação, que, ao se iniciar o século XXI, o Brasil teve na educação um de seus maiores desafios. Tendo começado este livro com dados do final do século XIX, é quase irresistível a comparação entre os dois momentos. Saímos de uma situação de 74,6% de analfabetismo para a alfabetização estendida à maioria da população. No entanto, convivemos ainda com uma cifra de não mais que 10% da população em idade escolar com segundo grau completo. Este dado é muito importante para a conclusão deste livro. Se estamos sugerindo uma linha de continuidade entre educação e participação no desenvolvimento social, o fato de permanecer pouco tempo na escola acaba sendo decisivo em uma sociedade que faz do conhecimento credencial formal para entrada no mundo das profissões. Quanto tempo as pessoas permanecem nas escolas? Qual o tempo de escolaridade que a população em idade escolar tem no Brasil?

Os dados a seguir facilitam a visualização do problema. O Censo Demográfico do IBGE de 1991 nos informa que aproximadamente 20% da população brasileira de 10 anos ou mais ainda não tinham recebido qualquer instrução, ou tinham permanecido menos de 1 ano na escola. Informa ainda que 22% tinham ficado de 1 a 3 anos na escola: 33%, de 4 a 7 anos; e apenas 11% da população em idade escolar permaneceram de 8 a 10 anos na escola. Os dados indicam ainda que apenas 14% da população do país ultrapassavam o tempo de 10 anos de escolaridade...

Para se ter noção de contraste, a universalização de dez anos de escolaridade foi o que a França conquistou com a política de investimento na educação pública fundamental no século XIX. A extensa massa da população em idade escolar que ingressa na escola fica para trás na primeira etapa do ensino fundamental. Abandona o estudo por contingências sociais, por impossibilidade de se manter, por atração do mercado da rua ou por repetência. O fato é que apenas 40%, aproximadamente, completam as oito séries do ensino fundamental.

O painel que tracei da educação brasileira no período republicano deixa marcados alguns pontos importantes. As soluções propostas e os movimentos empunhados em favor da educação estiveram muito distantes das soluções que os países tomados como exemplos pelos intelectuais elegeram em seus contextos de formação do Estado Nacional. Das duas tradições, talvez a francesa tenha sido a que mais influenciou processos de formalização de procedimentos, dada a ênfase centralizadora que vigorou naquele país e que o Brasil nunca conseguiu descartar. O ideário norte-americano, que tão fortemente serviu de fundamento às propostas dos pioneiros da Escola Nova, particularmente na liderança de Anísio Teixeira, sofreu alterações tão profundas que, ao final, nos indagamos da eficácia de sua inspiração. De todos os sinais dessa constatação, o mais convincente talvez seja o desvio brasileiro ao que os norte-americanos consideraram ponto de honra no estabelecimento de um programa educativo para o país: nenhum militante iluminado, nenhuma força estatal centralizadora, nenhum projeto abrangente seria apropriado ao desenho que se firmou naquele país a respeito da educação básica. Em cada momento estratégico de definição de uma política educacional no Brasil, podemos destacar a liderança, o segmento da sociedade, a organização ou o próprio Estado como ator principal das reformas ou decisões que se iriam implementar. E, na maioria esmagadora dos casos, esteve em jogo uma reforma, decisão ou projeto que ambicionava estender-se uniformemente ao país como um todo.

O último expoente da Escola Nova

"Se me perguntassem pelo encontro mais importante de minha vida, eu diria que foi o nosso encontro." A confissão afetuosa é de Darcy Ribeiro a Anísio Teixeira. A biografia de Darcy confirma a veracidade dessa afirmação. Apaixonado por causas sociais e convencido de que o papel do intelectual implica intervenção, Darcy Ribeiro levaria a Anísio Teixeira conteúdo social e fervor militante para desenvolver projetos e programas que o pioneiro mantinha em pauta desde a década de 1920. "Um intelectual, para mim, nem precisa ser letrado", radicaliza Darcy para dar a dimensão da responsabilidade que atribui aos intelectuais com sua intervenção no mundo social.

Darcy fala do lugar do reformador, sendo a educação — tema recebido de presente das mãos de Anísio Teixeira — o alvo mais permanente e visível de sua incursão. Encontra em Anísio o parceiro de vida ativa e através dele faz da educação matéria e campo de sua exposição como cientista social militante. O encontro dessas duas personalidades foi possível pela paixão reformadora que os animava a ambos e pela afinidade à matriz norte-americana de pensamento, particularmente ao legado da Escola de Chicago. A filosofia em Anísio e o engajamento político em Darcy redimensionariam o legado do pragmatismo norte-americano, ampliando seu significado e traduzindo-o para a experiência de um país que tinha ainda um longo percurso por cumprir em sua extensa agenda de dívida social. Outra conexão com a tradição norte-americana é a adesão ao individualismo como matriz de orientação intelectual, de formulação e implementação de projetos político-institucionais.

Individualismo que deu a ambos ferramentas para a leitura crítica das tradições hierárquica e burocrática brasileiras. Anísio é um exemplar desse esforço crítico. No caso de Darcy, a matriz individualista coloriu com tons pouco usuais o socialismo que ele abraça, desde sua primeira filiação ao Partido Comunista Brasileiro até sua adesão mais definitiva ao "socialismo moreno" do Partido Democrático Trabalhista (PDT) de Leonel Brizola. A década de 1950 sela o encontro definitivo de Darcy com Anísio. Uma aliança que se consolidou a partir de todo o movimento pela escola pública que precedeu a feitura da nova Lei de Diretrizes e Bases da Educação nacional só sancionada em 1961, depois de longo período no Congresso Nacional (1948-61). Percorrendo as biografias, é possível dizer que Darcy cumpriu uma agenda de atuação pública que lhe foi desenhada com régua e compasso por Anísio Teixeira.

"O senhor não avaliará o quanto eu lhe devo e como sou consciente de que em educação nada mais fiz do que pôr meu dínamo de agitação, zumbindo em torno de suas idéias", confessa ele ao educador baiano. Inclusive a agenda de pesquisa como cientista social teria notável influência de Anísio. O educador faria de Darcy Ribeiro um sociólogo a serviço da educação. O talento e a motivação por pesquisa empírica seriam o fermento com que Anísio pretendia fazer crescer o conhecimento sobre a realidade educacional brasileira do ponto de vista que sempre o mobilizou: a relação entre educação e sociedade, a adequação da educação ao mundo social, imediato, de interesse dos estudantes.

As ciências sociais forneciam ao educador pioneiro o mapa e os instrumentos confiáveis para a definição de políticas públicas em favor do indivíduo de acordo com a tradição particular de seu país. E por isso, apesar de estimulado por toda a experiência educacional norte-americana — descentralizada, comunitária, não submetida a processos de centralização estatal —, Anísio Teixeira nunca renunciou no Brasil à convicção de que ao Estado cumpriria conduzir e garantir a implementação de uma reforma que fosse capaz de responder à precariedade de nosso sistema educacional.

Tal convicção o aproximaria simultaneamente de Fernando de Azevedo e de Darcy Ribeiro. Era preciso criar um sistema educacional, tarefa que foi desde os anos 20 atribuída ao Estado pelos renovadores da educação. Darcy Ribeiro seria, então, a encarnação de liderança que o movimento escolanovista valorizava para prosseguir na direção que a ele imprimiu Anísio. A bandeira da escola pública em horário integral ocupou toda a agenda política de Darcy. A pregação continuada do final dos anos 70, aos anos 90 reforça sua própria defesa, no final de 1950, no inflamado embate com Carlos Lacerda, da escola pública obrigatória, leiga e gratuita como prioridade de atenção por parte do Estado. Quando se empenhou no programa dos Centros Integrados de Educação Pública (Cieps), poderia se valer da mesma retórica com que respondia a Carlos Lacerda:

> Apesar das tolices de sua carta sobre a educação na Alemanha e na Rússia, bem sabe o senhor que a política educacional que defendemos é a que se pratica na América do Norte, e que resultou no magnífico sistema educacional com que conta aquele país. É a mesma pregada pelos líderes da Revolução Francesa que defendiam, igualmente, a propriedade *privada* e a escola *pública*.

O governo Brizola de que Darcy Ribeiro foi vice-governador (1983-86) fez do Rio de Janeiro o laboratório da proposta dos pioneiros da Escola Nova, se aceitamos que o ensino público, laico, gratuito e de tempo integral é o cerne daquela plataforma renovadora. Os Cieps foram a materialização de um programa de estender o ensino público a toda a população em idade escolar. "(...) Tinha que ser tão bom que a classe média disputasse para colocar o filho lá dentro", diria Darcy em entrevista. Mas, por certo, a ênfase que sempre deu em todos os discursos na direção prioritária do programa para as classes populares e a população de periferia criou um vínculo simbólico entre clientela pobre e clientela dos Cieps — o que, em efeito perverso não antecipado, se transformou em verdadeiro estigma, atingindo ambos os segmentos: o das populações de periferia e o dos setores médios da população em idade escolar, que não queriam aceitar a marca de serem estudantes daquelas escolas.

Darcy não se deixou esmorecer por esse efeito não antecipado: "Meu maior orgulho como educador foi implantar o Programa Especial de Educação do Rio de Janeiro. Ele foi e é o mais amplo e ambicioso empreendimento educacional realizado no Brasil." As artes, o lazer, a iniciação ao trabalho, tudo isso deveria caber naquele espaço destinado à escola para a vida metropolitana moderna. Este era o argumento para justificar a monumentalidade dos prédios escolares. Que fossem planejados para incorporar campo de futebol ou quadra de basquete, piscina e espaços culturais e pedagógicos de lazer, além dos postos de atendimento odontológico e de saúde.

Os Cieps carregaram o peso de uma liderança política tradicionalmente polêmica no Brasil. Os "brizolões", personificavam em cada estabelecimento público uma direção particular de política, partido e facção ideológica. Uma ironia à feição da tradição do personalismo político brasileiro. As centenas de escolas públicas em tempo integral nos países que Darcy toma como exemplo são apenas escolas públicas. Os Cieps acabaram sendo estigmatizados como escola de pobres, o que se tornou motivo de rejeição pelos pobres, e escola de Brizola, o que provocava a ira dos governantes seguintes, desmobilizando recursos e interditando, muitas vezes de forma criminosa, o curso do programa especial.

Escola pública, a maior invenção do mundo, dizia Darcy, aquela que permite que todos os homens sejam herdeiros das bases do patrimônio mundial mais importante que é a cultura, uma invenção que dê um saber geral, não colorido religiosa ou ideologicamente. Essa escola perfila o ideal de Anísio Teixeira que Darcy acreditava estar conseguindo com o programa dos Cieps.

Darcy Ribeiro se apresenta e quis ser visto como seguidor do movimento escolanovista, em verdade como herdeiro de Anísio. Sua forma de intervenção confere à agenda da Escola Nova o conteúdo popular e de massa que a elite dos renovadores não pretendeu, não se mobilizou ou não pôde fazê-lo para implementar. Estaria mais próximo da proposta popular de Paulo Freire, poderíamos argumentar. Mas, também aqui, me parece, a distinção é clara: Darcy ousaria defender uma combinação de educação cosmopolita, moderna, técnica, em escala popular na sociedade de massa. O socialismo de Darcy tem o individualismo capitalista como referência. E não me parece ser este o suposto mais fiel à pedagogia do oprimido que tanto identificou Paulo Freire. Esta, no entanto, é a ponta do roteiro de outra história que não cabe mais nestas linhas...

Cronologia

1920

7 set Criação da Universidade do Rio de Janeiro (Decreto 14.343)

1924 Criação da Associação Brasileira de Educação (ABE)

1930

14 nov Criação do Ministério da Educação e Saúde (Decreto 19.402)

1931

11 abr Reforma Francisco Campos; Estatuto das Universidades Brasileiras (Decreto 19.851)

1932 *Manifesto dos pioneiros da educação nova*

1935

4 abr Criação da Universidade do Distrito Federal (Decreto Municipal 5.513)

1937

5 jul Criação da Universidade do Brasil (Lei 452)

1939

20 jan Fechamento da Universidade do Distrito Federal (Decreto-lei 1.063)

1942

9 abr Lei Orgânica do Ensino Secundário (Decreto-lei 4.244)

30 jan Lei Orgânica do Ensino Industrial (Decreto-lei 4.073)

22 jan Criação do Senai (Decreto-lei 4.048)

1943

26 dez Lei Orgânica do Ensino Comercial (Decreto-lei 6.141)

1946

2 jan Lei Orgânica do Ensino Normal (Decreto-lei 8.530); Lei Orgânica do Ensino Primário (Decreto-lei 8.529)

1959 *Manifesto dos educadores. Mais uma vez convocados*

1961

10 fev Lei de Diretrizes e Bases da Educação Nacional (4.024)

15 dez Aprovada a criação da Fundação Universidade de Brasília (Lei 3.998)

1962

15 jan Instituição da Fundação Universidade de Brasília (Decreto 500)

1971 Lei 5.692 de instituição do ensino profissional obrigatório

1996

20 dez Nova Lei de Diretrizes e Bases da Educação Nacional (9.394)

Referências e fontes

p.11: A citação de Manuel Bonfim está em seu *Instrução popular*, apud *Educação e ensino*, ano 1, n.2, p.142-4. O livro *Estatística da instrução*, na página seguinte, foi elaborado pela Diretoria Geral de Estatística Brasil (Rio de Janeiro, 1916), e a citação encontra-se à página XI.

Na tabela da página 13, os dados referentes a 1872-1920 foram retirados de Juarez R. Brandão Lopes, *Desenvolvimento e mudança social*, Brasília, MEC/Companhia Editora Nacional, 1976.

A epígrafe da seção "Sociedade livre: homens despreparados" está em Alberto Torres, *A organização nacional*, São Paulo, Companhia Editora Nacional, 1938, p.171.

p.17: As idéias da educadora Ina von Binzer estão em *Os meus romanos: alegrias e tristezas de uma educadora alemã no Brasil* (Rio de Janeiro, Paz e Terra, 1991, 5ª ed.), com prefácio de Antonio Callado.

p.22: A afirmação de Rubens Ricupero está numa entrevista ao jornalista Elio Gaspari, *O Globo*, 26.9.1999.

p.24: As citações da Comissão Luderitz estão em Jorge Nagle, *Educação e sociedade na Primeira República*, São Paulo/Rio de Janeiro, EPU/Fundação Nacional de Material Escolar, 1976, p.164.

p.26: O comentário de Lourenço Filho está em Otaíza de O. Romanelli, *História da educação no Brasil (1930-1973)*, Petrópolis, Vozes, 21ª ed., 1998, p.59. Já a menção a Lucia Lippi Oliveira refere-se ao seu livro *A questão nacional na primeira República*, São Paulo, Brasiliense, 1990.

O desabafo do higienista Belisário Penha e o "slogan" de Miguel Pereira (p.27) estão em Nara Britto, *Oswaldo Cruz: a construção de um mito da ciência brasileira*, tese de mestrado. Rio de Janeiro, IFCH/UFRJ, 1992.

p.32: A citação sobre a passagem de Jeca Tatu a brasileiro é de Marta M.C. Carvalho, *A Escola e a República*, São Paulo, Brasiliense, 1989, p.56.

Toda a correspondência de Anísio Teixeira foi retirada do Arquivo Anísio Teixeira, CPDOC/FGV, exceto a carta a Lourenço Filho (p.46), que está no arquivo Lourenço Filho (CPDOC/FGV), e a trocada com Monteiro Lobato, que se encontra em Aurélio Vianna e Priscila Fraiz (orgs.), *Conversa entre amigos: correspondência escolhida entre Anísio Teixeira e Monteiro Lobato* (Salvador/Rio de Janeiro, Fundação Cultural do Estado da Bahia/CPDOC/FGV, 1986). Desta obra também foram retiradas as cartas citadas de Monteiro Lobato a Fernando de Azevedo e a expressão de Monteiro Lobato referida na página 42.

p.35: A afirmação de George Counts é de 1957 e está em documento constante do Arquivo Anísio Teixeira, CPDOC/FGV.

Quanto a Darcy Ribeiro, suas acusações a Carlos Lacerda (p.56 e 74) foram retiradas de reportagem publicada no

Jornal do Brasil de 6.6.1960; sua opinião sobre o Mobral (p.63) de *O Globo*, 20.7.1977; a confissão a Anísio Teixeira (p.71) está em carta de 11.11.1964, depositados no arquivo Anísio Teixeira, CPDOC/FGV; a afirmação sobre os intelectuais (p.71) está no artigo "O papel reservado ao intelectual e à ciência nos países pobres" (*Encontros com a civilização brasileira*, Rio de Janeiro, vol.25, 1980, p.213-6); e suas declarações sobre os Cieps (p.75) foram registradas em "Clientelismo e educação em questão" (*Revista do Rio de Janeiro*, Rio de Janeiro, UERJ, ano II, nº3, 1994, p.40-51).

p.60: A informação sobre o CBPE está em Libânia Nacif Xavier, *O Brasil como laboratório. Educação e ciências sociais no projeto dos Centros Brasileiros de Pesquisas Educacionais — CBPE/Inep/MEC (1950-1960)*, Bragança Paulista, Ifan/CDAPH/Edusf, 1999, p. 281.

p.64: Os dados sobre a taxa de escolarização na década de 1970, fornecidos pelo Censo Demográfico do Brasil daquele ano, encontram-se em Luiz Antonio Cunha, *Educação e desenvolvimento social no Brasil*, Rio de Janeiro, Francisco Alves, 1985, p.135.

p.76: A afirmação sobre o estigma dos Cieps está em Raquel Emerique, *Do salvacionismo à segregação: a experiência dos Centros Integrados de Educação Pública no Rio de Janeiro*. Tese de mestrado. Rio de Janeiro, PPCIS/UERJ, 1997.

Sugestões de leitura

Sobre a Escola Nova e sobre Anísio Teixeira:

- Zaia Brandão. *A intelligentsia educacional: um percurso com Paschoal Lemme por entre as memórias e as histórias da Escola Nova no Brasil.* Bragança Paulista: Ifan-CDAPH. Editora da Universidade São Francisco/Edusf, 1999.

- Clarice Nunes. *Anísio Teixeira: a poesia da ação.* Bragança Paulista: Edusf, 2000

- Manuel B. Lourenço Filho. *Introdução ao estudo da Escola Nova.* São Paulo: Melhoramentos, 6ª ed. corrigida, 1948 (1930, 1ª ed.).

Sobre Educação no pós-1930:

- Simon Schwartzman, Helena Maria Bousquet Bomeny e Vanda Maria Ribeiro Costa. *Tempos de Capanema.* Rio de Janeiro: Paz e Terra/Ed. da FGV, 2000.

- Otaíza de Oliveira Romanelli. *História da educação no Brasil (1930-1973).* Petrópolis: Vozes, 21ª edição, 1998.

Sobre Cieps e Darcy Ribeiro:

- Darcy Ribeiro. *Confissões.* São Paulo: Companhia das Letras, 1997.

• Raquel Emerique. *Do salvacinismo à segregação: a experiência dos Centros Integrados de Educação Pública no Rio de Janeiro*. Tese de mestrado. Rio de Janeiro: Programa de Pós-Graduação em Ciências Sociais da Universidade do Estado do Rio de Janeiro (PPCIS/UERJ), 1997.

Sobre a autora

Helena Bomeny é doutora em sociologia pelo Instituto Universitário de Pesquisa do Estado do Rio de Janeiro (Iuperj), pesquisadora do Centro de Pesquisa e Documentação de História Contemporânea do Brasil da Fundação Getulio Vargas (CPDOC/FGV) e professora titular de sociologia da Universidade do Estado do Rio de Janeiro (UERJ). Interessada especialmente no cruzamento de educação com pensamento social brasileiro e teoria social, redigiu e defendeu recentemente uma tese que tem Darcy Ribeiro como centro de reflexão. A tese, intitulada *Darcy Ribeiro. Sociologia de um indisciplinado,* que foi um dos requisitos ao concurso público para a categoria de professora titular na UERJ, trata do percurso dos intelectuais da educação desde os anos 20, tendo Anísio Teixeira e Fernando de Azevedo como parceiros do movimento que deu vigor às reformas educativas no Brasil, mantendo-se ainda hoje como referências nesse campo de discussão.

Coleção Descobrindo o Brasil
direção: Celso Castro

A modernização da imprensa (1970-2000)
Alzira Alves de Abreu

O Brasil no império português
Janaina Amado e Luiz Figueiredo

Os intelectuais da educação
Helena Bomeny

A era do rádio
Lia Calabre

A invenção do Exército brasileiro
A proclamação da República
Celso Castro

O Estado Novo
Maria Celina D'Araujo

A belle époque amazônica
Ana Maria Daou

O livro e a leitura no Brasil
Alessandra El Far

O pensamento nacionalista autoritário
Boris Fausto

Os índios antes do Brasil
Carlos Fausto

Os brasileiros e a Segunda Guerra Mundial
Francisco César Ferraz

Rebeliões no Brasil Colônia
Luciano Figueiredo

Palmares, ontem e hoje
Pedro P. Funari e Aline V. Carvalho

A arte rupestre no Brasil
Sambaqui: arqueologia do litoral brasileiro
Madu Gaspar

As formas do espaço brasileiro
Pedro Geiger

Cidadania e direitos do trabalho
Angela de Castro Gomes

Negros e política (1888-1937)
Flávio Gomes

Código Civil e cidadania
Keila Grinberg

Como falam os brasileiros
Yonne Leite e Dinah Callou

Uma viagem com Debret
Valéria Lima

O nascimento da imprensa brasileira
Isabel Lustosa

Escravidão e cidadania no Brasil monárquico
Hebe Maria Mattos

Os evangélicos
Clara Mafra

O sindicalismo brasileiro após 1930
Marcelo Badaró Mattos

O período das Regências (1831-1840)
Marco Morel

Da Bossa Nova à Tropicália
Santuza Cambraia Naves

Arqueologia da Amazônia
Eduardo Góes Neves

História do voto no Brasil
Jairo Nicolau

O Brasil dos imigrantes
Lucia Lippi Oliveira

Política externa brasileira
Leticia Pinheiro

Ditadura militar, esquerdas e sociedade
Daniel Aarão Reis

A Independência do Brasil
Iara Lis C. Souza

Partidos políticos no Brasil (1945-2000)
Rogerio Schmitt

O Império em procissão
Lilia Moritz Schwarcz

Modernismo e música brasileira
Elizabeth Travassos Lins

A fotografia no Império
Pedro Karp Vasquez

Brasil de todos os santos
Ronaldo Vainfas e Juliana Souza